Go Vista
CITY GUIDE

Paris

von Friederike Schneidewind

Friederike Schneidewind lebt als freie Autorin in Köln und hat als Frankreichkennerin schon mehrere Reiseführer geschrieben. Seit ihrem Romanistikstudium verbringt sie regelmäßig mehrere Wochen im Jahr in Paris.

www.vistapoint.de

Inhalt

Willkommen in Paris 4

Top 10 & Mein Paris

Top 10: Das sollte man gesehen haben 6
Mein Paris: Lieblingsplätze der Autorin 7

Stadttour — mit Detailkarten

Ein Rundgang durch Paris 8

Streifzüge

Île Saint-Louis 20
Quartier Latin 21
Saint-Germain-des-Prés 22
Marais und Les Halles 23
Montmartre 25
Montparnasse 26
Bastille-Viertel 27
La Défense 27
Versailles 28

Vista Points – Sehenswertes

Museen 30
Architektur und andere Sehenswürdigkeiten 35
Friedhöfe und Parks 46

Erleben & Genießen

Übernachten 48
Essen und Trinken 52

Inhalt · Zeichenerklärung

Nightlife	56
Kultur und Unterhaltung	59
Shopping	62
Mit Kindern in der Stadt	66
Erholung und Sport	68

Chronik

Daten zur Stadtgeschichte	72

Service von A–Z und Sprachführer

Service von A–Z	76
Sprachführer	86
Register	92
Bildnachweis und Impressum	96

Zeichenerklärung

 Top 10
Das sollte man gesehen haben

 Mein Paris
Lieblingsplätze der Autorin

 Vista Point
Museen, Galerien, Architektur und andere Sehenswürdigkeiten

 Kartensymbol: Verweist auf das entsprechende Planquadrat der ausfaltbaren Karte bzw. der Detailpläne im Buch.

Willkommen in Paris

Haute Couture und Sterne-Küche, Luxus und Lebensart, Kunst und Kultur im Überfluss – es gibt viele gute Gründe, nach Paris zu reisen. Paris ist die Stadt der Belle Époque und der modernen Architektur, Metropole des *Savoir-vivre* und der Mode, Stadt der Revolution und der Aufklärung, blau-weiß-rot beflaggte Machtzentrale der *Grande Nation*. Paris ist die Stadt der gediegenen Großbourgeoisie und der Künstlerbohème, der Flaneure und Fashion victims, der Gourmets und Genießer, der Liebe und der Verliebten. Paris ist eine Stadt, die Traditionen bewahrt, ohne nostalgisch zu sein, die für die Zukunft plant und dabei menschlich bleibt. Paris ist romantisch, geistreich, faszinierend, poetisch und spektakulär, aber auch widersprüchlich, fordernd, überheblich, snobistisch.

Die Stadt ist ein Mythos, eine Legende – und ein Moloch. Es gibt viele gute Gründe, nicht in Paris leben zu wollen: Der

Blick auf die Champs-Élysées Richtung Arc de Triomphe

Alltag ist hektisch, der Verkehr aggressiv, die astronomischen Preise machen sprachlos, die Rushhour in der Métro kann man nur stoisch ertragen, der Sonnenplatz im Lieblingscafé ist meist schon besetzt, das bisschen Grün eingezäunt.

Für den Besucher, gleich, ob er zum ersten Mal in der Seine-Metropole eintrifft oder zum x-ten Mal wiederkehrt, überwiegt allemal der Zauber. Jeder empfindet den »Klimawechsel«: Das hat nichts mit dem Wetter oder der Lage von Paris zu tun – es ist die Atmosphäre, die einen umfängt und die aus Geschichte und Kultur der Stadt, dem Lebensgefühl und der Lebensart der Pariser entsteht. Notre-Dame, Eiffelturm und Louvre gehören zweifellos zum klassischen Sightseeing-Programm, doch den Charme der Stadt erlebt der Besucher auch ganz »nebenbei«. Gehen Sie auf Entdeckungstour durch ruhige Stadtviertel und stille Straßen, besuchen Sie bunte Märkte, schicke Szenecafés und modische Designer-Boutiquen, rattern Sie mit der Métro über die Hochbahn und gleiten Sie mit dem Schiff über die Seine, blicken Sie auf das berühmte Grau der Dächer, stöbern Sie auf den Flohmärkten, genießen Sie das Menü im Bistro an der Ecke – Paris ist überall »pariserisch«.

Top 10 & Mein Paris

Top 10: Das sollte man gesehen haben

① Notre-Dame und die Île de la Cité
S. 8 ff., 41 f. ➜ M/N14, L–N12–15
Gotische Baukunst in höchster Vollendung: die Kathedrale auf der Seine-Insel ist einer Hauptstadt würdig.

② Musée du Louvre
S. 12 f., 32 f. ➜ K/L12
Dieses so große wie großartige Museum im einstigen Königsschloss lockt mit Kunstschätzen aus vielen Epochen und Ländern.

③ Arc de Triomphe und Champs-Élysées
S. 14 ff., 35, 36 f. ➜ G4/5, G5–J9
Paris ist die Stadt der Flaneure – und wo könnte man besser bummeln als auf der prächtigsten Avenue der Metropole?

④ Eiffelturm
S. 17 f., 38 ➜ L4
Das weltbekannte Wahrzeichen bietet von drei Aussichtsterrassen ein grandioses Paris-Panorama.

⑤ Montmartre und Sacré-Cœur
S. 18, 25 f., 44 f. ➜ C/D11–14, C13
Steile Treppen und abschüssige Gassen, idyllische Winkel, Bistros und Cafés wie aus Amélies Welt – und über allem thront das zweite Pariser Wahrzeichen, Sacré-Cœur.

⑥ Centre Georges Pompidou
S. 24, 36 ➜ K/L15
Moderne Kunst und Architektur aufs Beste vereint, und dazu ein fantastischer Blick auf das berühmte Grau der Pariser Dächer.

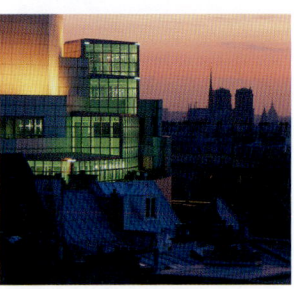

⑦ Bastille-Viertel
S. 27 ➜ M/N18/19
Jenseits des großen Platzes mit der neuen Oper sind tagsüber Passagen und Hinterhöfe zu entdecken, am Abend locken Bistros und Cafés die Szenegänger ins angesagte Viertel.

⑧ Invalidendom
S. 40 ➜ M7/8

Weithin sichtbar ist die goldene Kuppel des Invalidendoms, in dem Napoleon zur ewigen Ruhe gebettet wurde.

 Cimetière du Père Lachaise
S. 46 f. ➜ aD4
Auf dem großen, parkartigen Friedhof zieht es Fans nicht nur zu den Gräbern von Jim Morrison und Edith Piaf, sondern zu unzähligen weiteren Prominenten von Molière bis Oscar Wilde.

 Jardin du Luxembourg
S. 68 ➜ O/P11–13

Nicht nur bei den Studenten der nahen Sorbonne beliebt – die grüne Lunge des Quartier Latin.

Mein Paris
Lieblingsplätze der Autorin

Liebe Leser,

*dies sind einige besondere Orte in der Seine-Metropole, an die ich immer wieder gern zurückkehre.
Eine schöne Zeit in Paris wünscht Ihnen*

Friederike Schneidewind

 Tuilerien
S. 13 ➜ J/K9–11
Ein grüner Metallstuhl, die Füße am Rand des Wasserbassins, mit Blick auf den Park – kann eine Mittagspause schöner sein?

 Institut du Monde Arabe
S. 21 f., 40 ➜ O15/16
Nicht nur das moderne Glasgebäude ist sehenswert, auch der Blick von der Dachterrasse lohnt den Abstecher.

 Marais
S. 23 f. ➜ K–M14–17
Das historische Stadtviertel mit eleganten Stadtpalais und verwinkelten Straßen, schicken Boutiquen und Szene-Bars, jüdischem Quartier und lohnenden Museen lädt zum ziellosen Schlendern ein.

 Pariser Passagen
S. 38 f., 47 ➜ H12/13, K12/13, J14, J12/13
Ganz nostalgisch sind die glasüberdachten Ladenstraßen, von denen Paris noch mehrere besitzt. Eine der schönsten ist die Galerie Vivienne.

 Bar du Marché
S. 55 ➜ M12
Die Café-Terrasse bietet Logenplätze für den Blick auf die belebte Rue de Buci im schönsten Teil von Saint-Germain.

Stadttour

Ein Rundgang durch Paris

Vormittag
Île de la Cité – Conciergerie – Sainte-Chapelle – Notre-Dame – Saint-Germain – Louvre. Tour vgl. Karte unten.

Mittag
Place du Marché Saint-Honoré – gleich mehrere Lokale rund um die gläserne Halle auf dem Platz bieten mittags kleine Imbisse oder ganze Menüs.

Nachmittag
Tuilerien – Place de la Concorde – Champs-Élysées – Arc de Triomphe – Eiffelturm – Sacré-Cœur. Tour vgl. Karte S. 14/15.

Île de la Cité und Louvre

Es liegt nahe, dort zu beginnen, wo die Stadt ihren Anfang nahm: auf der ❶ **Île de la Cité** ➧ L–N12–15. Schon vor mehr als 2000 Jahren siedelten Kelten vom Stamm der Parisii auf der Seine-Insel, und noch heute misst man von hier, von dem Platz vor der Kathedrale Notre-Dame aus alle Entfernungen im Land. Die Insel wird nicht nur als historischer Ursprung der Stadt Paris betrachtet, sondern auch als Mittelpunkt Frankreichs.

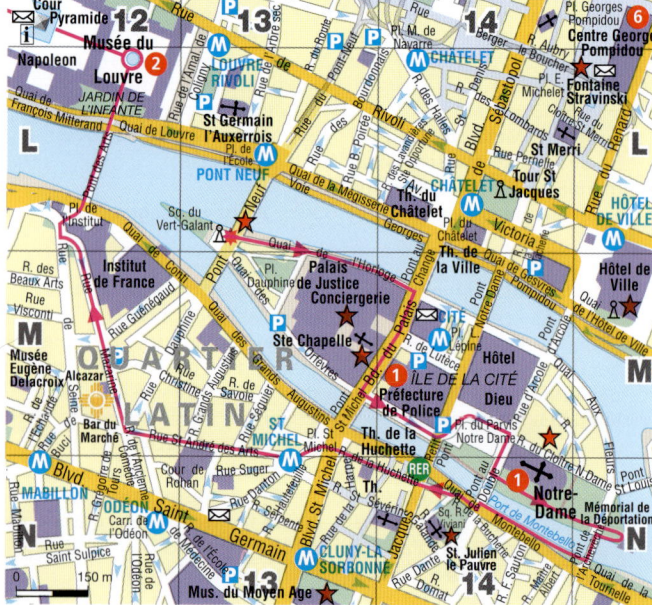

Île de la Cité und Louvre

Einst Wartesaal für die Guillotine: die spitzgetürmte Conciergerie am Pont Neuf, der ältesten Brücke von Paris

Square du Vert-Galant ➜ L12/13, »Platz des Grünen Galan«, heißt die kleine Grünanlage an der Westspitze der Insel – womit Heinrich IV. gemeint ist, auf dessen zahllose Liebesabenteuer damit angespielt wird. Sein Reiterstandbild steht gleich oberhalb dieses idyllischen Winkels, auf der Brücke **Pont Neuf** ➜ L/M13. Trotz ihres Namens »Neue Brücke« ist diese Anfang des 17. Jahrhunderts eingeweihte Seine-Brücke die älteste der Stadt. Zu ihrer Zeit stellte sie eine absolute Novität dar: Sie war die erste Brücke, die nicht mit Häusern bebaut war.

Wir bummeln weiter über die etwas versteckte Place Dauphine und entlang dem Quai de l'Horloge zur **Conciergerie** ➜ M13. Dieser älteste Teil des einstigen Königspalasts diente über Jahrhunderte als Staatsgefängnis und wurde noch bis Anfang des 20. Jahrhunderts als solches genutzt. Inhaftiert waren hier illustre, berühmte und berüchtigte Personen der französischen Geschichte: Ravaillac, der im Jahr 1610 König Heinrich IV. ermordete, der Räuber Cartouche und Charlotte Corday, die Mörderin des Revolutionsführers Marat. Nur wenig später warteten hier dessen Mitstreiter Danton und Robespierre auf die Vollstreckung ihres Todesurteils unter der Guillotine, die auf der Place de la Concorde errichtet worden war. Zur Zeit der *Terreur*, ihrer »Schreckensherrschaft« während der Französischen Revolution, hatten mehr als 2800 Männer und Frauen dieses Schicksal geteilt – als berühmteste Opfer mussten König Ludwig XVI. und seine Frau Marie Antoinette ihren Kopf lassen. Auch die Königin verbrachte ihre Kerkerhaft in einer Zelle der Conciergerie – diese ist heute zu besichtigen, daneben auch Wachsäle und weitere Räume des Gefängnisses.

Ebenfalls an der Stelle des alten Königspalasts befindet sich das im 19. Jahrhundert errichte-

»Spatzen von Paris« auf der Île de la Cité

Stadttour

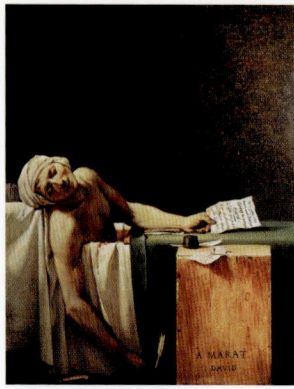

Ermordet von Charlotte Corday: der Revolutionsführer Marat (Gemälde von Jacques-Louis David, 1793)

te, große Gebäude des Palais de Justice. Inmitten der Mauern des Gerichtshofes liegt wohl verborgen ein Kleinod französischer Gotik, die **Sainte-Chapelle** ➡ M13, deren einzigartige farbige Glasfenster aus dem Mittelalter bis heute erhalten blieben. Mitte des 13. Jahrhunderts ließ Ludwig IX. der Heilige den Sakralbau im Innenhof seines Palasts errichten. Der obere, durch die Fenster in mystisches Licht getauchte Raum war allein dem König vorbehalten, für die Mitglieder seines Hofs war die Kapelle im Geschoss darunter vorgesehen.

Unser Spaziergang führt weiter zum zweiten Highlight der Insel, zur ❶ **Kathedrale Notre-Dame** ➡ M/N14. Mit der Planung des Kirchenbaus wurde im 12. Jahrhundert begonnen, vollendet wurde er Mitte des 14. Jahrhunderts. Die frühgotische Kathedrale gehört zu den bedeutendsten Sakralbauten Frankreichs: Unbedingt sehenswert ist die horizontal gegliederte Westfassade mit den drei Portalen, der großen Fensterrosette mit fast zehn Metern Durchmesser und den beiden Türmen. Der originale Figurenschmuck, die sogenannte Königsgalerie, fiel der Französischen Revoluton zum Opfer – obwohl es sich bei den Skulpturen um biblische Könige handelte, wurden auch ihnen die Köpfe abgeschlagen. Erst in den 1970er-Jahren wurden sie wiederaufgefunden und sind heute im Mittelaltermuseum zu besichtigen, dem Musée du Moyen Age et Thermes de Cluny.

Das Innere der fünfschiffigen Kathedrale ist nicht nur kunstgeschichtlich interessant, hier fanden auch bedeutende historische Ereignisse statt: Hier wurde im 15. Jahrhundert Henri VI. von Eng-

Nächtlicher Lichterglanz: Notre-Dame de Paris auf der Île de la Cité

Île de la Cité und Louvre

An den Seine-Quais: Wenn man in den Bücherkästen stöbert, wird schnell klar, dass jeder Bouquinist seine eigenen Vorlieben hat

land zum französischen König gekrönt, im 16. Jahrhundert Maria Stuart mit dem Dauphin François vermählt. Während der Französischen Revolution wurde Notre-Dame zum »Tempel der Vernunft« erklärt, 1804 nahm hier Napoleon Papst Pius VII. die Krone aus der Hand und krönte sich selbst zum Kaiser, 1944 dankte Charles de Gaulle für die Befreiung von Paris nach der deutschen Besatzung.

Lohnend ist auch der Aufstieg zu den **Türmen**, wo das Panorama nach den unzähligen Treppenstufen Anlass für eine erholsame Pause bietet. Vom Vorplatz der Kathedrale aus hat man Zugang zur archäologischen

Hochgotisch: ein Handwerker der Dombauhütte als Zwickelfigur

Stadttour

Krypta von Notre-Dame. Im Untergrund kann man Fundamente, Ausgrabungen, Modelle des römischen Lutetia und des mittelalterlichen Paris besichtigen. Wer einmal um Notre-Dame herumspaziert, findet an der Spitze der Insel das **Mémorial de la Déportation** ➡ N15, wo in schlichter, aber ergreifender Weise der unter der deutschen Besatzung Deportierten gedacht wird.

Weiter geht's ans linke Seine-Ufer, wo am Quai de Montebello einige Bootslokale vor Anker liegen und der Bâtobus an einer Haltestelle Fahrgäste am Ufer absetzt und aufnimmt. Vor ihren Buchkisten aus grünlackiertem Metall warten die **Bouquinisten** ➡ N14 auf Kundschaft. Antiquarische Schnäppchen und rare Erstausgaben findet man hier nicht, aber das Stöbern macht auch in alten Postkarten und Landkarten, Büchern und Bildern Spaß.

Über die Rue de la Huchette und die Place Saint-Michel mit dem gleichnamigen Brunnen biegen wir in die Rue Saint-André-des-Arts und gelangen damit nach **Saint-Germain-des-Prés**. Die belebte Straße ist nur eine von vielen im Viertel, die mit zahllosen Modeboutiquen und Buchhandlungen, Antiquitätenläden und Kunstgalerien, Jazzclubs und Kinos zum Bummeln und Stöbern verführen. Hier kommen wir wieder her, jetzt allerdings muss ein Blick in die kopfsteingepflasterte Passage **Cour de Rohan** ➡ N12/13 genügen, bevor wir der Rue Mazarine bis zum Seine-Ufer folgen.

Unser Ziel ist der Louvre, auf dessen lang gezogenes, monumentales Gebäude die Fußgängerbrücke **Pont-des-Arts** ➡ L12 den ersten Blick gewährt. Linker Hand schaut man über weitere Brücken bis zum Glasdach des Grand Palais, rechter Hand auf die Île de la Cité – »pariserischer« kann es nicht mehr werden! Durch die Cour Carrée, den Innenhof, gelangt man zur Glaspyramide, unter der das große Foyer den Zugang zum ❷ **Musée du Louvre** ➡ K/L12 gewährt, sowie auch zur unterirdischen Ladenpassage Carrousel du Louvre. Dort sind Kunstdrucke und Reproduktionen von Kunstwerken erhältlich, Ausstellungskataloge und Postkarten mit Motiven berühmter Gemälde.

Der Louvre ist ein Museum der Superlative, der weiten Wege und der überwältigenden Fülle – mit unzähligen Kunstschätzen in den

Reiterstandbild Ludwigs XIV. von Gian Lorenzo Bernini vor dem Musée du Louvre

Champs-Élysées, Arc de Triomphe, Eiffelturm und Sacré-Cœur

Besonders eindrucksvoll wirkt die Place da la Concorde bei Nacht, wenn die Laternen die Dimension des Platzes zur Geltung bringen

Abteilungen Malerei, Skulptur, Kunsthandwerk, Graphik, ägyptische, griechisch-etruskisch-römische und mittelöstliche Kunst –, das den Anspruch erhebt, das »größte Museum der Welt« zu sein. Jedenfalls wollen wir in dem mit knapp 60 000 Quadratmetern recht weitläufigen Kunstmuseum gar nicht erst versuchen, alles zu sehen, sondern uns lieber eine Abteilung intensiv vornehmen oder nur ausgewählte Kunstwerke wie die Venus von Milo, die Mona Lisa von Leonardo da Vinci oder die Sklaven von Michelangelo (Pläne gibt's im Foyer).

Bleibt noch Zeit für ein Glas Champagner mit Blick auf die von Wasserbecken umgebene Glaspyramide des Architekten Ieoh Ming Pei? Das Café Marly unter den Arkaden des Louvre bietet dafür echte Logenplätze. Für einen richtigen Mittagsimbiss eignen sich aber auch die Lokale an der **Place du Marché Saint-Honoré** oder das urige Weinbistro **Le Rubis** ➔ J11 kurz davor (in der gleichnamigen Straße).

Champs-Élysées, Arc de Triomphe, Eiffelturm und Sacré-Cœur

Ein kurzer Blick in den Conceptstore **Colette**, der Kult ist und vielfach kopiert wurde, dann geht's zurück in die Tuilerien. Wie die anderen schönen Pariser Parks, die alle ihren eigenen Reiz haben, ist auch der **Tuilerien-Garten** ➔ J/K 9–11 eine Oase der Stille in der Betriebsamkeit der Großstadt. Hätten wir doch Zeit für einen verträumten Nachmittag: Einfach einen der grünen Stühle kapern, in einem netten Schmöker stöbern oder die Spaziergänger beobachten!

Aber es locken zu viele andere Pariser Attraktionen, gleich hier in den Tuilerien die **Orangerie** ➔ K9/10, in der neben den berühmten großformatigen Seerosenbildern von Claude Monet weitere sehenswerte Gemälde hängen, etwa Stillleben von Matisse.

Schon an der **Place de la Concorde** ➔ J9 wird man wieder sehr nachdrücklich mit den Realitäten einer Großstadt des 21. Jahrhunderts konfrontiert. Ein nie abreißender Strom von Fahrzeugen rotiert rund um den großzügig angelegten Platz, der Mitte des 18. Jahrhunderts unter Ludwig XV. angelegt wurde. Nur wenige Jahrzehnte später, zur Zeit der Französischen Revolution, stand hier die Guillotine, Schauplatz der Hinrichtung Tausender. Heute ragt in der Mitte des Platzes ein über 3000 Jahre alter Obelisk empor, der aus einer Tempelanlage in Luxor stammt und im 19. Jahrhundert dem Bürgerkönig Louis-Philippe vom ägyptischen Statthalter geschenkt wurde.

Schon aus dem Tuilerien-Garten hatte sich der Blick durch die schmiedeeisernen Tore auf die Champs-Élysées jenseits der Place de la Concorde eröffnet. Die von Bäumen gesäumte, weltberühmte Avenue zieht sich leicht ansteigend zum Arc de Triomphe hinauf; jenseits erblickt man in der Ferne schon die Silhouette der Grande Arche. Dieser gigantische moderne Triumphbogen verlängert die historische Sichtachse, die vom Louvre über die Champs-Élysées bis zum Arc de Triomphe reicht, bis zur Wolkenkratzerskyline von La Défense. Paris als »Hauptstadt des 19. Jahrhunderts« hatte andere Treffpunkte der mondänen Welt als die Gegenwart: die Oper, die Boulevards, die Passagen – und die ❸ **Champs-Élysées** ➜ G5–J9. Vor allem der Name der legendären Flaniermeile klang weltweit nach Luxus und Eleganz. In den Seitenstraßen wie Avenue Montaigne,

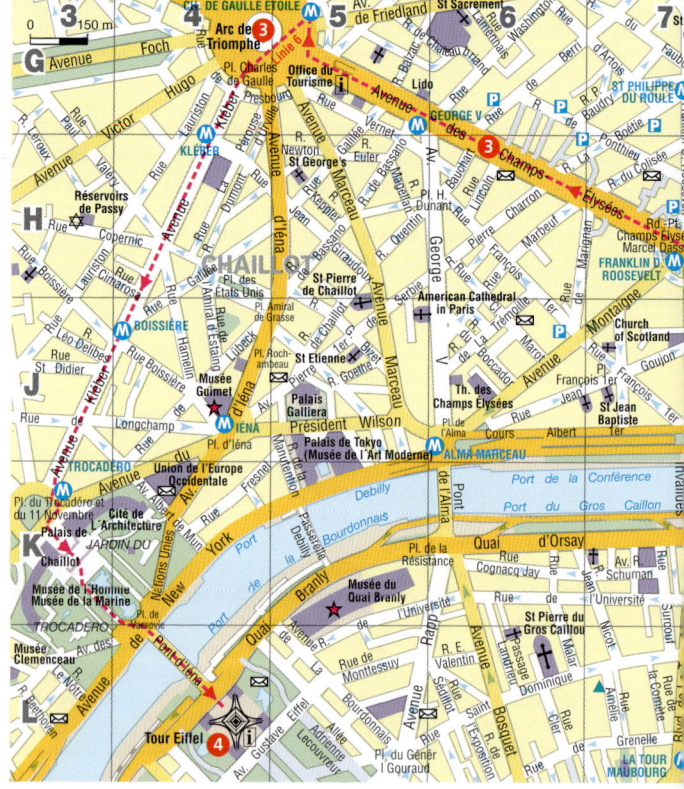

Champs-Élysées, Arc de Triomphe, Eiffelturm und Sacré-Cœur

Eine wahre Oase der Ruhe zwischen Louvre und Place de la Concorde: der Tuilerien-Garten

Die Pariser Métro

Unbestreitbar ist sie das effektivste Verkehrsmittel in Paris – und das seit mehr als 100 Jahren. Während der Belle Époque, der drei Jahrzehnte vor dem Ersten Weltkrieg, war Frankreich ein finanzkräftiges Land. Diesem Zeitraum verdankt auch Paris den städtebaulichen Aufbruch in die Moderne. Anlässlich der Weltausstellung 1900 entstanden einige Gebäude in der neuen Eisenkonstruktionsweise wie Gare d'Orsay und Petit und Grand Palais, vor allem aber wurde am 19. Juli 1900 die erste Métrolinie eröffnet, von der Porte de Vincennes zur Porte Maillot (heute Linie 1).

Nach und nach wurde das Netz dichter, heute liegen nur rund 500 Meter zwischen den einzelnen Stationen der *Métropolitain*. Die gusseisernen Eingänge im Jugendstil, die das oberirdische Bild der Métro prägen, entwarf der Architekt Hector Guimard (1867–1942). Die schönsten von knapp 90 erhaltenen besitzen auch noch ihre verglasten Überdachungen, etwa an den **Stationen Porte Dauphine, Châtelet und Abbesses**. Viele unterirdische Stationen wurden von Künstlern gestaltet: Die **Station Arts-et-Métiers** ist ganz mit Kupfer ausgekleidet und wirkt wie das Innere eines U-Boots aus den Zeiten von Jules Verne. An der **Station Concorde** ergeben weiße Keramikkacheln mit jeweils einem blauen Buchstaben aneinandergereiht den Text der Menschenrechte von 1789.

Die Pariser Métro war eine der ersten der Welt

Zuletzt wurde die Métro um die Linie 14 erweitert, **Météor** genannt, die mit weitem Abstand zwischen den Haltestellen der neuen Nationalbibliothek und des Gare Saint-Lazare verkehrt und automatisch betrieben wird. Jetzt, im 21. Jahrhundert, kehrt Paris mit dem Neubau mehrerer Tramlinien am Stadtrand zur oberirdischen Straßenbahn zurück.

»Métro de Paris ligne 7«: Station Pont-Neuf

Champs-Élysées, Arc de Triomphe, Eiffelturm und Sacré-Cœur

Noch heute Symbol der Größe Frankreichs: der Arc de Triomphe

Avenue George V und Rue Saint-Honoré reihen sich auch tatsächlich die Parfümerien und Modehäuser der Haute Couture mit klangvollen Namen wie Hermès, Cardin, Christian Lacroix, Lancôme, Rubinstein und Lanvin aneinander.

Die Champs-Élysées selbst zeigen sich – nach weniger gloriosen Jahren – erst dank eines stadtplanerischen Liftings wieder ihres Ruhmes würdig: Die Bürgersteige wurden verbreitert, parkende Autos und grelle Werbung verbannt. Die breite Avenue will wieder zur schönsten Prachtstraße der Welt werden. Die Erfolge der Maßnahme sind offensichtlich: Luxusboutiquen kehren zurück, elegante Cafés werden neu eröffnet.

Legendär ist auch der ❸ **Arc de Triomphe** ➨ G4/5, der 50 Meter hohe, antiken Vorbildern nachempfundene Bogen. 1806, nach der Schlacht von Austerlitz, wollte Napoleon seiner »Großen Armee« ein Denkmal setzen lassen. Als 1836 der mächtige Bogen fertiggestellt war, war sie längst geschlagen. Seit 1920 erinnert unter dem Bogen das Grabmal des Unbekannten Soldaten an die Toten des Ersten Weltkriegs. Von der Dachterrasse in 50 Metern Höhe wird deutlich, warum der Platz früher Place de l'Étoile hieß: Sternförmig treffen zwölf Avenuen aufeinander. Heute heißt er Place Charles de Gaulle; durch einen Fußgängertunnel gelangt man zum Triumphbogen in seiner Mitte.

Nun geht es ein Stück mit der Métro bis zur Station Trocadéro. Vom gleichnamigen Hügel hat man einen großartigen Blick auf den ❹ **Eiffelturm** ➨ L4, das weithin sichtbare Pariser Wahrzeichen. Die erhöht gelegene, von vergoldeten Statuen gesäumte Terrasse am Palais de Chaillot nutzt wirkungsvoll die Perspektive zum gegenüberliegenden Seine-Ufer: Frei schweift der Blick über Eiffelturm und Marsfeld bis zur Tour Montparnasse. Viele Sightseeingbusse halten deshalb hier für einen kurzen Fotostopp.

Wenn das Wetter gut ist, verspricht die oberste Plattform der *Dame der Fer* einen grandiosen Blick. Meist bilden sich lange Warteschlangen am Fuß der mächtigen Stahlpfeiler, doch die Geduld wird mit einem sagenhaften Blick über das Häusermeer der Millio-

Stadttour

Schöne Aussicht: von den Jardins du Trocadéro zum Eiffelturm

nenstadt belohnt, die besonders abends ihrem Ruf als »Stadt der Lichter« alle Ehre macht. Aus Anlass der Hundertjahrfeier der Französischen Revolution und der Weltausstellung von 1889 errichtet, war das stählerne Ungetüm anfänglich Gegenstand heftiger Kritik. Maupassant pflegte angeblich im Restaurant auf dem Eiffelturm zu speisen, weil dies der einzige Ort war, »wo ich ihn nicht sehen muss«.

Wer noch nicht müde ist, lässt den Tag mit einem Abstecher zum **Montmartre** ausklingen und fährt mit der Métro zur Station Abbesses. Es lohnt sich durchaus, hier noch ein wenig durch die Straßen zu schlendern: Neben sehr Touristischem rund um die Place du Tertre gibt es dort auch noch verträumt-dörfliche Ecken – wie aus »Die fabelhafte Welt der Amelie«. Hauptattraktion ist die Kirche ❺ **Sacré-Cœur** ➜ C13 ganz oben auf dem Montmartre-Hügel oder vielmehr der Blick auf Paris von den Treppen davor. Hier blicken wir auf das berühmte Grau der Dächer und schwören uns: Wir kommen wieder. ■

Paris an einem Wochenende

Wer sich bei der Erkundung der Stadt Zeit lassen kann, sollte die Stadttour am besten auf **zwei Tage** verteilen. Am Vormittag des ersten Tages kann man den Highlights auf der **Île de la Cité** die Aufmerksamkeit widmen, die sie verdienen, und auch noch einen Schlenker auf die benachbarte **Île Saint-Louis** anschließen. Nach der Mittagspause – vielleicht mit Blick auf Notre-Dame von der Dachterrasse des **Institut du Monde Arabe** – kann man dann den Abstecher nach **Saint-Germain-des-Prés** zu einem ausgiebigen Schaufensterbummel ausdehnen und anschließend im **Musée d'Orsay** der Kunst des 19. Jahrhunderts den späten Nachmittag widmen.

Am **zweiten Tag** startet man dann am **Louvre** und plant für den Museumsbesuch den Vormittag ein. Nach dem Bummel durch den **Tuilerien-Garten** führt der Spaziergang zur eleganten **Place Vendôme** (mit dem berühmten Hotel Ritz), zur Kirche **Madeleine** mit verführerischen Feinkostgeschäften rundherum am Platz und durch die noble Rue Royale zurück zur **Place de la Concorde**. Über die Champs-Élysées geht es zum **Arc de Triomphe** und von dort via Trocadéro zum **Eiffelturm**. Unweit davon ist im Musée du Quai Branly die außereuropäische Kunst vierer Kontinente grandios präsentiert, so dass Sacré-Cœur bis zum Abend warten muss – der Blick von den Treppen auf Paris ist ein stimmungsvoller Tagesabschluss.

Idyllisch: Hausboot am Ufer der Île Saint-Louis

Chillen auf der Wiese vor Sacré-Cœur ▷

Streifzüge

Weltberühmt: die Westfassade der Cathédrale Notre-Dame mit der Königsgalerie

Île Saint-Louis

Die **Île Saint-Louis** ➡ M/N 15/16 ist die kleinere der beiden Inseln in der Seine und einer der charmantesten Stadtteile von Paris, fast wie ein aristokratisches Städtchen für sich. An der für Autos gesperrten Brücke Pont Saint-Louis finden sich ein paar Lokale mit Blick auf den Chor von Notre-Dame und die eleganten Strebebögen der Kathedrale. Die vornehmen Adelspaläste, die im 17. Jahrhundert fast alle gleichzeitig entstanden, geben den Sträßchen ihren einheitlichen Charakter. Kein Wunder, dass die Insel mit ihrer stillen Vornehmheit heute zu den teuersten und begehrtesten Wohnadressen von ganz Paris gehört.

Bei einem Bummel über die Île Saint-Louis sollte man die vielen hübschen Läden in der Rue Saint-Louis-en-l'Île und einige besonders schöne Gebäude beachten: die Inselkirche Saint-Louis-en-Île, das Hôtel de Lauzun am Quai d'Anjou Nr. 17, das Hôtel Lambert in der Rue Saint-Louis und das Art-déco-Gebäude in Nr. 24 des Quai de Béthune, das sich Helena Rubinstein hier errichten ließ, eines der wenigen Häuser auf der Insel, das nicht aus dem 17. Jahrhundert stammt.

Weitwinkelperspektive: die Île Saint-Louis im Vordergrund, dahinter die größere der beiden Seine-Inseln, Île de la Cité

Quartier Latin

Das Quartier rund um die Sorbonne verdankt seinen Namen nicht den alten Römern, deren Thermen und Amphitheater hier noch zu besichtigen sind, sondern dem Latein, das einst an der mittelalterlichen Universität gesprochen wurde. Mitte des 13. Jahrhunderts gründete Robert de Sorbon (1201–74) hier eine Lehranstalt, aus der im Lauf der Jahrhunderte die Sorbonne wurde. Die Universität beherbergt heute nur noch Sprach- und Literaturwissenschaften; Naturwissenschaften und andere Fakultäten wurden ausgegliedert.

Im Herzen des Quartier Latin: die belebte Rue de la Huchette

Gegenüber der Sorbonne werden im Hôtel de Cluny Kleinodien mittelalterlichen Kunsthandwerks aufbewahrt. Das **Musée du Moyen Age** ➜ N13 ermöglicht auch den Zugang zu den antiken Thermen aus der Römerzeit, als Paris noch Lutetia hieß. Am besten erhalten blieb das Frigidarium (Kaltwasserbad), das den eindrucksvollen Rahmen für die wiederaufgefundenen Königsstatuen von Notre-Dame bildet.

Ein Bummel durch das Viertel führt vom Jardin du Luxembourg zum **Panthéon** ➜ O14, in dem Frankreich seiner berühmten Männer gedenkt – im 20. Jahrhundert sind auch einige Frauen hinzugekommen. Durch die Marktstraße Rue Mouffetard geht es leicht abwärts zu einem zweiten Relikt aus der Antike, dem römischen **Amphitheater Arènes de Lutèce**.

Unweit davon liegt die große **Pariser Moschee**, Ende der 1920er-Jahre erbaut und Ausdruck der besonderen Beziehungen Frankreichs zum Orient. Durch den benachbarten **Jardin des Plantes**, den schon im 17. Jahrhundert angelegten botanischen Garten, gelangt man an die Seine und weiter zum **Institut du Monde Arabe** ➜ O15/16. Das gläserne Gebäude des arabischen Kulturinstituts hat Stararchitekt Jean Nouvel entworfen und dabei virtuos traditionelle Elemente maurischer Baukunst übernommen: An der Südfassade regeln metallene Linsen den Lichteinfall wie die ornamentalen, geschnitzten Holz-

Nach dem Vorbild des antiken römischen Pantheon errichtet: das Pariser Panthéon

fensterläden Nordafrikas, der spiralförmige Bücherturm erinnert an ein Minarett, der Innenhof an die Enge einer orientalischen Kasbah.

Ein schöner Abschluss des Spaziergangs: der Blick von der Dachterrasse auf die Île Saint-Louis, die Île de la Cité und Notre-Dame.

Saint-Germain-des-Prés

Das **Rive Gauche,** das linke Seine-Ufer, gilt als das *quartier intello,* als der literarisch-künstlerische und intellektuelle Teil von Paris. Denn hier haben nicht nur zahllose französische Verlage ihren Sitz, auch die École des Beaux Arts (Kunsthochschule) und die über Sprache und Literatur wachende Académie Française sind zwei traditionsreiche Institutionen der französischen Kultur. Abends beleben Bistros, Kinos und Jazzclubs die Seitenstraßen rechts und links des Boulevard Saint-Germain. Dort sind die Terrassen der legendären Cafés **Deux Magots** ➡ M11 und **de Flore** ➡ M11 ideale Logenplätze, um das bunte Treiben auf den Gehsteigen zu beobachten. Neben Pablo Picasso, André Breton, Antoine de Saint-Exupéry, Albert Camus, Jean Giraudoux und vielen anderen Künstlern haben vor allem Jean-Paul Sartre und Simone de Beauvoir hier zahllose Stunden verbracht. Im Café de Flore hielt die streitbare Feministin regelrechte Sprechstunden ab, dort fand auch die Pressekonferenz statt, als Sartre 1964 den Nobelpreis ausschlug.

Gleich gegenüber ist die dreischiffige **Basilika Saint-Germain** ➡ M11/12 eines der wenigen romanischen Bauwerke in Paris. Seit allerdings Dan Brown der zweiten großen Kirche des Viertels, Saint-Sulpice, in seinem Bestseller »Sakrileg« (verfilmt unter dem Originaltitel »Da Vinci Code«) eine tragende Rolle gegeben hat, zieht es weit mehr Besucher dorthin.

Der belebte **Boulevard Saint-Germain** ➡ K9–O15 bildet die zentrale Achse des Viertels. Bei einem Spaziergang sollte man unbedingt auch die vielen Seitenstraßen nicht auslassen, etwa die Rue Saint-André-des Arts und die Rue de Buci mit hübschen Caféterrassen und netten Läden. Rund um die Kunstakademie haben sich viele Galeristen angesiedelt, in der Rue Jacob und ihren Nachbarstraßen bieten Antiquitätenhändler ihre Kunstschätze zu hohen Preisen an, während in der Nähe der Place de Sèvres teure Mode-Boutiquen, Schuh- und Handtaschenläden zum Shoppingbummel verführen.

Marais und Les Halles

Im ❧ **Marais** setzen vornehme Adelspaläste rund um die **Place des Vosges** ➡ M17 einen aristo-

Die Place des Vosges (Vogesenplatz) im Marais gilt als einer der schönsten Pariser Plätze

kratischen Akzent. Nachdem zur Zeit des Königs Henri IV. zu Beginn des 17. Jahrhunderts die schöne Platzanlage entstanden war, avancierte das Viertel rundherum zum beliebten Baugrund für den Adel, der sich hier elegante Stadtpaläste errichten ließ.

Als das Viertel an Bedeutung verlor, kamen die schönen Gebäude im Lauf der Zeit immer mehr herunter. Beinahe drohte schon der Abriss, als das Viertel in den 1960er-Jahren unter Denkmalschutz gestellt wurde. Seither wurden die vornehmen Adelsresidenzen renoviert und ihre Fassaden sandgestrahlt, in viele zogen Museen ein. So ist

»Café de Flore« am Boulevard Saint-Germain

Streifzüge

Auf dem Platz neben dem Centre Georges Pompidou zieht der Strawinsky-Brunnen, »La Fontaine Igor Stravinski«, mit Skulpturen von Jean Tinguely und Niki de Saint Phalle Besucher an

etwa im Musée Cognacq-Jay oder im Musée de la Chasse, im Musée Carnavalet zur Pariser Stadtgeschichte und im Picasso-Museum die Pracht vergangener Zeiten auch von innen zu bewundern.

Auch die jüdische Gemeinde hatte sich im Marais angesiedelt, schon seit dem Mittelalter. Rund um die Rue des Rosiers gibt es zwischen koscheren Bäckern und Metzgern versteckte kleine Synagogen, spezialisierte Buchhandlungen, Richtung Seine hin aber auch das Musée de la Shoah als Mahnung und Erinnerung an die Opfer des Holocaust. Unter die alteingesessenen jüdischen Anwohner mischen sich immer mehr Falafel-Lokale, schicke Boutiquen und Restaurants, Cafés und Bars. Besonders belebt ist es hier übrigens sonntags, weil dann – anstelle des Sabbats – die Geschäfte geöffnet haben.

Jenseits der Rue du Renard beginnt das **Hallenviertel**, hier befand sich vom Mittelalter bis in die 1960er-Jahre der berühmte Markt, der »Bauch von Paris«. Das ❻ **Centre Pompidou** ➔ K/L15 ist nicht nur ein extravaganter Blickfang inmitten historischer Bauten, sondern besitzt mit dem Musée d'Art Moderne auch eine bedeutende Kunstsammlung von Weltrang. An Stelle der legendären Pariser Markthallen wurde das **Forum des Halles** ➔ K14 erbaut, ein großes Shopping-Center mit Restaurants und Kinos, Hallenbad, und Konzertsaal. Weil sich hier auch die größte U-Bahn-Station befindet, strömen täglich Menschenmengen durch das unterirdische Einkaufszentrum. Souvenir- und Postkartenläden bestimmen den Charakter dieses recht touristischen Stadtteils, doch im Schatten der eindrucksvollen Renaissance-Kirche **Saint-Eustache** ➔ K13/14 gibt es auch sehr hübsche Läden und Lokale.

Wasserspeiende Einzelplastiken des Strawinsky-Brunnens

Bouquinisten

An den Mauern am Seine-Ufer haben sich die Bouquinisten (*bouquin* = altes Buch) etabliert mit ihren typischen festinstallierten grünen Kästen, die nachts verschlossen werden. Es hat wenig Sinn, nach einer Erstausgabe von Voltaire oder einer Skizze von Daumier zu suchen, denn die Antiquare wissen auch, was selten und

Bouquinisten zu Beginn des 20. Jahrhunderts

wertvoll ist. Doch reizvoll ist es allemal, in Büchern und Stichen oder alten Stadtansichten von Paris zu blättern. Der Ursprung dieser Straßenhändler reicht bis ins 15. Jahrhundert und zu den Anfängen des Buchdrucks in Paris zurück, als wandernde Anbieter Almanache, Broschüren und Flugschriften verkauften.

Montmartre

Im 19. Jahrhundert wurde ❺ **Montmartre** ➜ c/D11–14 zum Inbegriff eines Künstlerviertels und des Bohèmelebens. In Dachateliers, Hinterhöfen und Kellerlöchern hofften Poeten und Maler, nicht Hungers zu sterben und bald berühmt zu werden – darunter Toulouse-Lautrec, Picasso, van Gogh, Modigliani und Braque. Mit dem Ersten Weltkrieg endete das Bohèmeleben am Montmartre, danach kamen Montparnasse und Saint-Germain als Künstlerviertel in Mode.

Das Bateau Lavoir, in dem Picasso malte, gibt es nicht mehr und das **Moulin Rouge** ➜ D11 ist nicht mehr volkstümlich, sondern ein professionell aufgezogenes Revuetheater, doch reizvoll ist ein Spaziergang im Viertel nach wie vor. Rund um die Place Pigalle und den Boulevard de Clichy gibt es nicht nur Peepshows und Sexshops sondern auch ein paar angesagte Bars und Konzerthallen. Ein Abstecher zum **Friedhof von Montmartre** ➜ C/D11 lohnt unbedingt, dort sind Heine, Stendhal und Alexandre Dumas begraben, die »Kameliendame« Alphon-

Begehrte Bühne schneller Porträtisten: die Place du Tertre auf Montmartre

Streifzüge

Milieustudie auf Montmartre: Henri de Toulouse-Lautrecs »Salon in der Rue des Moulins«

sine Plessis, der Tänzer Nijinsky, Filmregisseur François Truffaut, Komponist Jacques Offenbach und viele weitere Künstler.

Mit der Rue Lepic geht's bergauf und direkt in »Amélies Welt« – das Café des Deux Moulins spielt eine tragende Rolle im Film. Den alltäglichen Montmartre erlebt man in der Rue des Abbesses, den touristischen bei den Malern der Place du Tertre und rund um ❺ **Sacré-Cœur** ➜ C13. Zu entdecken sind nahebei das Cabaret Lapin Agile, ein Weinberg, ein weiterer kleiner Friedhof, auf dem Utrillo seine letzte Ruhe fand, und das Musée de Montmartre, in dem er mit seiner Mutter Suzanne Valadon, ebenfalls Malerin, einst gelebt hatte. Den eindrucksvollen Abschluss bildet der Ausblick auf Paris von der Treppenanlage vor Sacré-Cœur.

Montparnasse

Nach dem Ersten Weltkrieg ließen sich Maler und Schriftsteller gerne in Montparnasse nieder – neben den Franzosen die »Lost generation« von Scott Fitzgerald, Hemingway bis Thomas Wolfe wie auch die Spanier Buñuel, Picasso, Dalí, Miró, Modigliani und Chagall. Treffpunkte der Künstler waren die großen Brasserien und Cafés am **Boulevard Montparnasse** ➜ O8–P11 – die es fast alle bis heute gibt: die Closerie des Lilas und La Coupole, Dôme, Select und La Rotonde.

Nach dem Zweiten Weltkrieg und der deutschen Besatzung von Paris hat das Viertel seine Bedeutung nicht wiedererlangt. Doch bei einem Bummel über die Boulevards und durch die Seitenstraßen lässt sich ein recht untouristisches, alltägliches Paris entdecken, mit vielen Kinos, netten Lokalen, belebten Ecken wie der Rue de la Gaité und stillen Winkeln wie dem **Cimetière du Montparnasse** ➜ südl. P10. Auch auf diesem Friedhof finden sich die Gräber vieler Prominenter – von Jean-Paul Sartre und Simone de Beauvoir über Jean Seberg, Serge Gainsbourg bis zu Samuel Beckett, Man Ray und André Citroën. Weitere Fixpunkte im Viertel sind der 210 Meter hohe **Tour Montparnasse** ➜ P9 mit Aussicht von der Dachterrasse und die Fondation Cartier, ein gläserner Ausstellungsbau für aktuelle Gegenwartskunst.

Einer der höchsten Wolkenkratzer Europas: Tour de Montparnasse

Bastille-Viertel

Noch bis ins 18. Jahrhundert hatte die gewaltige Bastion an der ❼ **Place de la Bastille** ➡ M/N18 mit acht massigen Wehrtürmen ihren Schatten auf das benachbarte Viertel geworfen. Am 14. Juli 1789 wurde die Festung, die zu dieser Zeit als Staatsgefängnis diente, vom Volk eingenommen und die Gefangenen wurden befreit; später trug man den Bau Stein für Stein ab. Heute dominiert der moderne Glasbau der neuen Oper den weitläufigen Platz, in dessen Mitte die Juli-Säule mit der geflügelten Freiheit an die Julirevolution von 1830 erinnert. Die imposante **Bastille-Oper** ➡ N18 wurde 1990 in der ersten Saison eröffnet und entstammt der Mitterrand-Ära, als eines von mehreren architektonischen Großprojekten, die der französische Präsident veranlasste.

Zum nächtlichen Treffpunkt entwickelten sich die **Rue de Lappe** ➡ M18–N19 und ihre benachbarten Straßen wie die Rue de la Roquette, die Rue Keller und die Rue de Charonne. Neben den legendären Tanzpalästen wie dem Balajo und ein paar alteingesessenen Bars eröffneten immer neue Szene-Kneipen. Abends belebt sich das Viertel, Menschenmengen wandern von einer In-Kneipe zur anderen. Tagsüber wirkt das Viertel unspektakulär, doch ein kleiner Rundgang lohnt sich durchaus.

La Défense

Unbescheiden und selbstbewusst geriert sich der Stadtteil La Défense ➡ aC3 mit der Wolkenkratzer-Skyline im New Yorker Stil als »Manhattan-sur-Seine«. 1959 wurde als erstes die **CNIT-Messehalle** (Centre National des Industries et Techniques) erbaut, die mit ihrem ausladenden, nur an drei Punkten in der Erde verankerten Dach ein eindrucksvolles

Blick von La Défense auf die Champs-Élysées und den Arc de Triomphe

Streifzüge

Blick über das Wasserparterre zur Gartenfassade von Schloss Versailles

und gelungenes Beispiel der 1950er-Jahre-Architektur darstellt. Das kühne Betonzelt ist mit einer Spannweite von 230 Metern das größte Gewölbe der Welt. Seit den 1960er-Jahren folgte ein Hochhaus dem anderen, Konzerne und Banken bauten sich Symbole ihrer Finanzkraft und Macht. Innerhalb von vier Jahrzehnten entstand eine futuristische Satellitenstadt – fast ohne Einwohner, denn die vorgesehene Mischung von Wohn- und Büroflächen wurde immer mehr zugunsten letzterer aufgegeben.

Die **Grande Arche**, ein marmorverkleideter, gigantischer Würfel, verlängert seit 1989 die Ost-West-Achse vom Louvre über den Arc de Triomphe bis hierher vor die Tore der Stadt. Aufsehenerregend und fast unwirklich wirkt der moderne Triumphbogen vor allem bei Nacht, wenn er angestrahlt wird. Wie die Glaspyramide am Louvre und die Opéra de la Bastille gehört der »Große Bogen« zu den *Grands Travaux,* den Prestigeprojekten von Staatspräsident François Mitterrand.

Auf die Dachterrasse in 110 Metern Höhe gelangt man mit gläsernen Außenaufzügen, die Aussicht reicht über die ganze Achse zurück bis zum Arc de Triomphe.

Versailles

➡ aE2 Auch unter Ludwig XIV., dem Sonnenkönig, noch hatte der Hof zunächst keinen festen Aufenthaltsort und wechselte zwischen den Tuilerien (1871 abgebrannt) und den Schlössern in Fontainebleau, Saint-Germain-en-Laye, Chambord, Vincennes und Versailles. Doch ab 1662 ließ Ludwig XIV. das bescheidene Jagdschloss südwestlich von Paris zur größten und prächtigsten Residenz Europas umbauen, die für viele andere Monarchen zum (unerreichten) Vorbild werden sollte.

Um die Machtansprüche des Königs und der Monarchie durch ostentativen Luxus zu demonstrieren, verpflichtete Ludwig XIV. den Architekten Louis Le Vau und den Maler Charles Le Brun für den

Umbau, die wiederum ganze Heerscharen von Webern, Stukkateuren und Malern für die Innenausstattung heranzogen. Mehr als fünf Jahrzehnte sollte es dauern, bis die imponierende Schlossanlage fertiggestellt war, doch 1682, noch während der Bauzeit, siedelte der Hof dauerhaft hierher über. Insgesamt umfasste der Hofstaat bis zu 30000 Personen, Adlige und Diener, Kurtisanen und Offiziere, Stallknechte und Gärtner, in deren Mitte sich das Leben des Königs weitgehend öffentlich vollzog.

Die für Ludwig XV. geschaffenen **Petits Appartements** (die königlichen Wohnräume) und die **Grands Appartements** (die repräsentativen Hof- und Festsäle), darunter als prunkvollster der berühmte, 73 Meter lange **Spiegelsaal**, demonstrieren das Zusammenwirken aller Künste zur Selbstdarstellung eines großen Monarchen.

Der weitläufige Park wurde von dem Landschaftsarchitekten André Le Nôtre im 17. Jahrhundert als ein französischer, der Geometrie und den Perspektiven verpflichteter Barockgarten angelegt. Unerwartete Achsen ermöglichen immer wieder Durchblicke. Besonders sehenswert sind das Apollo-Bassin mit dem Sonnenwagen und das terrassierte Latona-Bassin (Latona ist die Mutter Dianas und Apolls) mit fünf Marmorbecken voller Frösche, einem der schönsten Brunnen von Versailles.

Dem Wunsch nach ein wenig Intimität entsprangen zwei kleine Lustschlösschen im Park. In das graziöse **Grand Trianon** im italienischen Stil, ab 1687 in nur sechs Monaten erbaut, zog sich Ludwig XIV. gerne mit seiner letzten Mätresse, Madame de Maintenon, zurück. Das **Petit Trianon** wiederum wurde ab 1762 für Madame de Pompadour, die Mätresse von Ludwig XV., erbaut. Sie starb jedoch vor der Vollendung, so dass der König das klassizistische Schlösschen mit ihrer Nachfolgerin Madame Dubarry einweihte.

Flüchtige Höhepunkte sind die Grandes Eaux Musicales, die illuminierten und musikalisch animierten Wasserspiele. 50 Brunnen und 32 Bassins sprudeln dann sonntags – nur im Sommer – in festgelegter Reihenfolge. ■

Barocke Gartenkunst im Schlosspark von Versailles

Vista Points – Sehenswertes

Museen, Architektur und andere Sehenswürdigkeiten

Museen

Wichtiger Hinweis! Um Warteschlangen vor den Kassen der Museen und Sehenswürdigkeiten zu vermeiden und auch aus Ersparnisgründen, kann man den **Museums-Pass** (www.parismuseumpass.com) erwerben. Er berechtigt zum Eintritt in 60 Museen und Monumente und ist erhältlich bei den angeschlossenen Museen, an den großen U-Bahn-Stationen und dem Office de Tourisme de Paris. Der 2-Tage-Pass kostet € 32, der 4-Tage- 48 und der 6 Tage-Pass € 64. Viele Museen bieten Ermäßigungen für Schüler und Studenten. Man sollte daher nicht vergessen, sich bereits zu Hause beim AStA, im Reisebüro oder beim Studentenwerk einen Schüler- (IYTC) bzw. Studentenausweis (ISIC) zu besorgen; die normalen Studenten- oder Schülerausweise werden nur selten akzeptiert (siehe www.isic.de).
An manchen Besichtigungsorten ist der Eintritt an jedem ersten Sonntag im Monat zwischen Oktober und April frei.

Musée d'Art Moderne ➡ K/L15
Place Georges Pompidou (4e)
Métro Hôtel-de-Ville, Rambuteau
℡ 01 44 78 12 33
www.centrepompidou.fr
Tägl. außer Di 11–21 Uhr
Eintritt € 10/12, ermäßigt € 8/9

Auf rund 14 000 m² wird im Centre Pompidou die Kunst der Moderne gezeigt: Unter den rund 1400 Werken, die zusammen einen großartigen Abriss des 20. Jh. bieten, sind Künstler vertreten wie Francis Bacon, Joseph Beuys, Georges Braque, Daniel Buren, Max Ernst, Wassily Kan-

Ein architektonisches Unikum aus bunten Röhren, Metallgestängen und Glas: das Kulturzentrum Georges Pompidou

Museen

dinsky, Anselm Kiefer, Paul Klee, Yves Klein, Fernand Léger, Henri Matisse, Joan Miró, Pablo Picasso, Jackson Pollock, Gerhard Richter, Mark Rothko, Niki de Saint Phalle, Christian Schad, Richard Serra. Zum Konzept des Museums gehört es, die Sammlung regelmäßig durch das Auswechseln von Werken zu beleben und neu zu präsentieren.

Musée d'Art Moderne de la Ville de Paris ➜ J/K5
11, av. du Président-Wilson (16e)
Métro Alma-Marceau
✆ 01 53 67 40 00, 01 47 23 54 01
www.mam.paris.fr
www.palaisdetokyo.com
Tägl. außer Mo 10–18, Site de Création tägl. außer Mo 12–24 Uhr, Eintritt frei
Das städtische Museum für moderne Kunst zeigt Werke des 20. Jh. (ein Schwerpunkt ist die École de Paris) im Palais de Tokyo. In den anderen Flügel des in den 1930er-Jahren entstandenen Gebäudes ist 2002 die Gegenwart eingezogen bzw. der Site de Création Contemporaine eröffnet worden – mit Ausstellungen junger Künstler, Performances, Installationen.

Musée des Arts Asiatiques – Guimet ➜ J4
6, place d'Iéna (16e)
Métro Iéna
✆ 01 56 52 53 00
www.museeguimet.fr
Tägl. außer Di 10–18 Uhr
Eintritt € 6,50/4,50
Kunstschätze aus Asien und von Afghanistan über Indien bis Fernost. Highlight der sehenswerten Sammlung ist die Kunst der Khmer.

Musée des Arts Décoratifs & Musée des Arts de la Mode et du Textile ➜ K11/12
107, rue de Rivoli (1er)
Métro Palais-Royal

Der Schöpfungsgott Brahma (10. Jh.) im Musée Guimet

✆ 01 44 55 57 50, www.ucad.fr
Di–Fr 11–18, Sa/So 10–18, Mi bis 21 Uhr, Eintritt € 8/6
Im großen Seitenflügel des Louvre: Kunstgewerbe vom Mittelalter bis zu modernem Design; interessante Ausstellungen zur Plakatkunst, einzelnen Gestaltern oder Epochen. Außerdem Mode vom 16. bis zum 20. Jh. – eine der umfangreichsten und bedeutendsten Sammlungen der Welt.

Musée Carnavalet ➜ L17
23, rue de Sévigné (4e)
Métro Saint-Paul, Bastille
✆ 01 44 59 58 58
www.carnavalet.paris.fr
Tägl. außer Mo 10–17.40 Uhr
Eintritt frei
Das Museum zur Pariser Stadtgeschichte – chronologisch geordnet von den Galliern bis zur Gegenwart – ist in zwei vornehmen Stadtpalästen im Marais untergebracht.

Musée du Cinema ➜ aD4
51, rue de Bercy (12e)
Métro Bercy, ✆ 01 71 19 33 33
www.cinematheque.fr
Mo, Mi–Sa 12–19, Do bis 22, So 10–20 Uhr, Eintritt € 5/4
In einem Gebäude im Parc de

Vista Points

Bercy, das Stararchitekt Frank O. Gehry entworfen hat, ist das Pariser Filmmuseum wiedereröffnet worden. In wechselnden Ausstellungen lassen Filmkulissen und -kostüme, Drehbücher, Filmstills und Plakate die Kinogeschichte lebendig werden.

Musée Grévin ➜ G13
10, bd. Montmartre (9e)
Métro Grands Boulevards
℡ 01 47 70 85 05, www.grevin.com
Mo–Fr 10–18.30, Sa/So 10–19 Uhr
Eintritt € 19,50/16,50
Rund 500 Wachsfiguren: Personen aus Geschichte und Gegenwart, Film und Medien.

Muséum National d'Histoire Naturelle ➜ P/Q15/16
36, rue Geoffroy Saint-Hillaire (5e)
Métro Gare d'Austerlitz
℡ 01 40 79 56 01, www.mnhn.fr
Mi–Mo 10–18 Uhr, Eintritt € 9/7
Im Museum für Naturgeschichte im Jardin des Plantes setzte Filmregisseur René Allio in der Grande Galerie die Evolution als Arche-Noah-Spektakel mit Ton- und Lichteffekten in Szene.

❷ Musée du Louvre ➜ K/L12
Métro Palais-Royal
℡ 01 40 20 50 50, www.louvre.fr
Tägl. außer Di 9–18, Mi und Fr bis 22 Uhr, Eintritt € 9, nach 18 Uhr € 6
Die vom amerikanischen Architekten Ieoh Ming Pei gestaltete, knapp 22 m hohe Glaspyramide, dient als Eingang zum Louvre mit einer Ausstellungsfläche von 60 000 m². Die Vielfalt einzigartiger Zeugnisse aus 6000 Jahren, die durch Jahrhunderte, Kontinente und Kulturräume voneinander getrennt sind, verteilt sich auf sieben große Abteilungen: Orientalische und Islamische Kunst, Ägyptische Kunst, Griechische, Etruskische und Römische Kunst, Gemäldesammlung, Grafik, Skulpturen, Kunsthandwerk.

Besonders die antiken Altertümer genießen Weltruf. Zu den bedeutendsten Exponaten der Abteilung Orientalisches Altertum und Kunst des Islam gehören der babylonische »Kodex Hammurabi«, das älteste noch existierende Gesetzeswerk, eine schwarze Basaltstele (um 1700 v. Chr.). Der Reichtum der **Ägyptischen Abteilung** ist so groß, dass sie allein den Besuch des Museums lohnt. Berühmt ist der hockende Schreiber, der fast 4500 Jahre unversehrt überstanden hat. In der Abteilung Griechisches, Römisches und Etruskisches Altertum

Aus kunsthistorischer Sicht immer einen Besuch wert: der Louvre

Museen

Schöne der Kunstgeschichte: die »Venus von Milo« (um 100 v. Chr.) und Leonardo da Vincis »Mona Lisa« (1503–06) im Louvre

sind die »Venus von Milo« und die »Nike von Samothrake«, beide aus dem 2. Jh. v. Chr., vermutlich die meistfotografierten steinernen Damen der Welt.

Aus der wertvollen Gemäldesammlung ließen sich angesichts der Vielzahl bedeutender Kunstwerke selbst Werke wie die »Mona Lisa« von Leonardo da Vinci nur noch willkürlich herausgreifen.

Musée du Moyen Age ➜ N13
6, place Paul Painlevé (5e)
Métro Cluny-La Sorbonne
℡ 01 53 73 78 00
www.musee-moyenage.fr
Tägl. außer Di 9.15–17.45 Uhr
Eintritt € 8,50/6,50
Kunst und Kunsthandwerk aus dem Mittelalter im Hôtel de Cluny, einem spätgotischen Stadtpalais im Quartier Latin. Highlight: die Wandteppiche um die »Dame mit dem Einhorn«. Aus gallorömischer Zeit stammen die Thermen.

Musée d'Orsay ➜ L10
62, rue de Lille (7e)
Métro Solférino, ℡ 01 40 49 48 14
www.musee-orsay.fr
Tägl. außer Mo 9.30–18, Do bis 21.45 Uhr, Eintritt € 8/5,50
Wo einst Reisende ankamen und aufbrachen, ist heute die Kunst des 19. Jh. untergebracht. Zur Weltausstellung im Jahr 1900 wurde am Seine-Ufer ein prunkvoller Bahnhof gebaut. Schon 1939 wurde er wieder stillgelegt, weil die Bahnsteige für die nun längeren Züge zu kurz waren, und sollte abgerissen werden. Unter Giscard d'Estaing entschloss man sich jedoch, die Gare d'Orsay zum »Museum des 19. Jahrhunderts« zu machen. Die große Belle-Époque-Uhr an der Frontseite blieb ebenso erhalten wie das imposante Glasdach und die Kassettendecke.

Im Musée d'Orsay: Édouard Manets »Frühstück im Grünen« (1863)

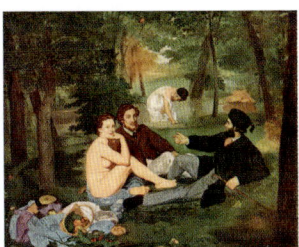

Vista Points

Das Musée d'Orsay konzentriert sich auf die Epoche von der Mitte des 19. Jh. bis zum Ersten Weltkrieg. Hauptattraktion ist die Impressionisten-Sammlung mit Werken von Manet, Renoir, Toulouse-Lautrec, Monet, Degas, Cézanne, van Gogh und Gauguin.

Musée de l'Orangerie ➔ K9
Im Jardin des Tuileries (1er)
Métro Concorde, ✆ 01 44 77 80 07
www.musee-orangerie.fr
Tägl. außer Di 9–18 Uhr
Eintritt € 7,50/5,50
In der Mitte des 19. Jh. erbauten Orangerie sind die berühmten Seerosenbilder von Claude Monet zu sehen, die »Nymphéas«, an denen der Maler in den letzten Jahren seines Lebens arbeitete. Für die acht großformatigen Gemälde wurden eigens zwei ovale Räume gestaltet, an deren Konzeption Monet noch selbst mitarbeitete. Nicht weniger lohnend ist die Gemäldesammlung im Untergeschoss mit Werken von Soutine, Renoir, Cézanne, Matisse, dem »Zöllner« Rousseau, Modigliani, Picasso und Utrillo.

Musée Picasso ➔ L16/17
5, rue de Thorigny (3e)
Métro Saint-Paul, Chemin Vert
✆ 01 42 71 25 21
www.musee-picasso.fr
Bis 2012 wegen Umbau geschl.
Das Hôtel Salé, ein im 17. Jh. erbautes Stadtpalais im Marais, bildet den schlicht-eleganten Rahmen für eine umfassende und einzigartige Sammlung von Werken Picassos. Chronologisch folgen Zeichnungen, Gemälde, Skulpturen und Keramiken; blaue, rosa und kubistische Periode des Malers sind ebenso gut dokumentiert wie die weniger bekannten klassischen Werke.

Musée du Quai Branly ➔ K5
37, quai Branly (7e)
Métro Alma-Marceau, Iéna
✆ 01 56 61 70 00
www.quaibranly.fr
Di/Mi und So 11–19, Do–Sa 11–21 Uhr, Eintritt € 8,50/6
Für das Museum für Kunst aus Afrika, Asien, Ozeanien und Amerika wurde Architekt Jean Nouvel (der auch das Institut du Monde Arabe entwarf) mit einem Neubau beauftragt. Die rund 200 m lange Ausstellungshalle steht auf Säulen über einem exotischen Garten, und auch eine Fassade ist komplett bepflanzt. Im raffiniert ausgeleuchteten Innern sind rund 3500 Skulpturen, Masken, Schmuckstücke, Textilien, Keramiken und Instrumente ausgestellt; das ist aber nur ein Bruchteil der Bestände, die aus dem Musée de l'Homme (260 000 Objekte) und dem Musée des Arts d'Afrique et d'Océanie (25 000) kamen und im Internet vollständig abrufbar gemacht werden sollen.

Musée Rodin ➔ M8
77, rue de Varenne (7e)

Das Musée d'Orsay am Ufer der Seine

Architektur und andere Sehenswürdigkeiten

Am französischen Nationalfeiertag (14. Juli) beflaggt: der Arc de Triomphe

Métro Varenne, ✆ 01 44 18 61 10
www.musee-rodin.fr
Tägl. außer Mo im Winter 9.30–16.45, im Sommer 9.30–17.45 Uhr
Eintritt € 6/5
Ein Museum, das von vielen Paris-Fans geradezu geliebt wird: Im Hôtel Biron nahe dem Invalidendom werden Skulpturen des Bildhauers Auguste Rodin präsentiert sowie einige Werke von Camille Claudel. Zu den bekanntesten Arbeiten gehören »Die Bürger von Calais«, »Das Höllentor« und »Der Denker«. Inmitten einer großen Gartenanlage gelegen, wirkt das klassizistische Stadtpalais wie eine romantische ländliche Idylle.

Architektur und andere Sehenswürdigkeiten

❷ Arc de Triomphe ➡ G4/5
Place Charles-de-Gaulle-Étoile (8e)
Métro Charles-de-Gaulle-Étoile
✆ 01 55 37 73 77, www.monum.fr
Tägl. Okt.–März 10–22.30, April–Sept. 10–23 Uhr, Eintritt € 9/5,50
Den Arc de Triomphe ließ Napoleon 1806, nach dem Sieg von Austerlitz, zu Ehren der französischen Armee errichten, doch erst 1836 war der mächtige Bogen fertiggestellt. Seit 1920 erinnert unter dem Bogen das Grabmal des Unbekannten Soldaten an die Toten des Ersten Weltkriegs. Von der Dachterrasse in 50 m Höhe erkennt man in der Ferne den mehr als doppelt so hohen neuen Triumphbogen inmitten der Wolkenkratzerskyline von La Défense, der die Achse vom Louvre über die Champs-Élysées bis hinter den Périphérique verlängert und einen (vorläufigen) Schlusspunkt setzt. Von hier oben wird deutlich, warum der Platz *Étoile* im Namen führt: Sternförmig treffen zwölf Avenuen aufeinander.

Auguste Rodins »Denker« (1881) im Garten des Rodin-Museums

Vista Points

Arènes de Lutèce ➜ P15
47, rue Monge (5e)
Métro Cardinal-Lemoine
Im Winter 8–17.30, im Sommer 8–21.30 Uhr, Eintritt frei
Das Amphitheater aus dem 1./2. Jh. ist eines der wenigen erhaltenen Zeugnisse der gallorömischen Epoche in Paris und eine fast mediterran wirkende, versteckte Idylle im Quartier Latin.

Bibliothèque Nationale de France ➜ àD4
Quai François-Mauriac (13e)
Métro Quai de la Gare
℡ 01 53 79 59 59, www.bnf.fr
Di–Sa 10–20, So 12–19 Uhr
Der Architekt Dominique Perrault entwarf die neue Nationalbibliothek in Form von vier aufgeschlagenen Büchern. Das Prestigeprojekt von Ex-Staatspräsident Mitterrand liegt an der Seine, direkt gegenüber dem Parc de Bercy, zu dem eine neue Fußgängerbrücke hinüberführt.

❻ **Centre Georges Pompidou** ➜ K/L15
Place Beaubourg (4e)
Métro Rambuteau, Hôtel de Ville
℡ 01 44 78 12 33
www.centrepompidou.fr
Tägl. außer Di 11–22 Uhr
Inside out: Die Architekten Renzo Piano und Richard Rogers haben das gesamte technische Innenleben nach außen verlegt. Blaue, rote und grüne Röhren beleben als grelle optische Effekte die Fassade des Kulturzentrums. Als der gigantische Koloss 1977 seine Tore dem Publikum öffnete, wurde über die Industrie-Ästhetik heftig gestritten. Die nach außen verlegten, bunt lackierten Versorgungsröhren für Wasser, Belüftung und Elektrizität ließen an eine Raffinerie oder an eine Riesenfabrik denken und die gigantischen Ausmaße des 42 m hohen und 166 m langen Baus in der historisch gewachsenen Umgebung nur umso fremdartiger wirken.

Seither sind mehr als drei Jahrzehnte vergangen und die »Kulturfabrik« hat sich zu einem riesengroßen Erfolg entwickelt. Touristen genießen die Aussichtsplattform und den Blick aus den raupenartigen Plexiglasröhren, in denen Rolltreppen außen am Gebäude hochführen, auf das Häusermeer von Paris. Es finden viele große und kleine Ausstellungen, Performances, Debatten und Filmvorführungen statt.

Aushängeschild des Centre Pompidou ist vor allem das **Musée d'Art Moderne**, in dem alle wichtigen Strömungen und Schulen von Fauvismus über Kubismus, Futurismus, Dadaismus und Surrealismus bis in die Gegenwart vertreten sind.

❸ **Champs-Élysées** ➜ G5–J9
(8e), Métro Concorde, Charles de Gaulle-Étoile, Georges-V
www.champselysees.org
Bis in die 1960er-Jahre galten die Champs-Élysées als schönste Avenue der Welt: Die Allee war gesäumt von klangvollen Namen der Haute Couture und der Finanz, großen Premierenkinos und mondänen Restaurants. Zugleich war die Avenue »Schaufenster der Nation«: In einem Meer von blau-weiß-roten Trikoloren findet die Militärparade am 14. Juli statt, Tausende von Menschen umjubeln den Zieleinlauf von Tour de France und Paris-Marathon oder strömen Silvester auf die Straße, um den Beginn des neuen Jahres zu feiern.

Zuletzt waren die Champs-Élysées heruntergekommen, doch nach einer aufwendigen Kampagne erlebt die Prachtavenue eine Renaissance. Die Bürgersteige wurden verbreitert und die parkenden Autos in Tiefgaragen verbannt, Reklametafeln reduziert, Bäume gepflanzt und Laternen, Bänke, Kioske im Stil der Belle Époque erneuert.

Architektur und andere Sehenswürdigkeiten

Blick auf die Champs-Élysées Richtung Place de la Concorde und Louvre

Luxusboutiquen kehrten zurück, elegante Cafés, Bars und Restaurants eröffnen.

Cité de l'Architecture et du Patrimoine ➜ K3/4
1, place du Trocadéro (16e)
Métro Trocadéro
✆ 01 58 51 52 00, www.citechaillot.fr
Tägl. außer Di 11–19, Do bis 21 Uhr, Eintritt € 8/5
Das einstige Musée des Monuments im Palais de Chaillot wurde zum Architekturzentrum erweitert: Neben den Abgüssen und Kopien bedeutender Bauskulptur und Wandmalereien aus dem Kulturerbe Frankreichs werden in Wechselausstellungen auch die zeitgenössische Architektur und Stadtplanung beleuchtet.

Cité de la Musique ➜ aC4
221, av. Jean-Jaurès (19e)
Métro Porte de Pantin
✆ 01 44 84 45 00
www.cite-musique.fr
Di–Sa 12–18, So 10–18 Uhr
Eintritt Museum € 8/6,40
Vom Architekten Christian de Portzamparc entworfenes Musikzentrum im Parc de la Villette, mit Konservatorium, Konzertsaal und einem Musikmuseum, das man mit Kopfhörer auf einem *parcours sonore,* einem akustischen Rundgang, erkunden kann.

Cité des Sciences et de l'Industrie ➜ aC4
30, av. Corentin-Cariou (19e)
Métro Porte de la Villette
✆ 01 40 05 70 00
www.cite-sciences.fr
Museum Di–Sa 10–18, So 10–19 Uhr, Eintritt € 8/6, diverse Kombitickets mit Géode, Argonaute etc.
Der Parc de la Villette, ein postmoderner Park mit roten Pavillons, wurde am Canal de l'Ourcq auf dem ehemaligen Schlachthofgelände angelegt. Im Park: Das nach Themen (Umwelt, Astronomie, Informatik, Kommunikation) geordnete Wissenschaftsmuseum mit vielen interaktiven Spielen, das Hemisphärenkino Géode, ein Unterseeboot, der Flugsimulator Cinaxe, die Cité de la Musique und das Zénith, ein Konzertzelt.

Conciergerie ➜ M13
Bd. du Palais (1er), Métro Cité
✆ 01 44 32 18 00
www.conciergerie.monuments-nationaux.fr
Tägl. Nov.–Feb. 10–17, März–Okt.

Vista Points

9.30–18.30 Uhr, Eintritt € 7/4
Die mittelalterlich wehrhafte Königsburg auf der Île de la Cité diente seit dem 15. Jh. als Gefängnis. Zu besichtigen sind Salle des Gens d'Armes, Salle des Gardes, die Küchenräume und die Zellen von Marie-Antoinette und Robespierre, die von hier zur Guillotine gebracht wurden.

❹ Eiffelturm → L4
Champ de Mars (7e)
Métro Bir-Hakeim, Trocadéro
℡ 01 44 11 23 23
www.tour-eiffel.fr
Tägl. 9.30–23.45, Mitte Juni–Aug. 9–0.45 Uhr, Eintritt € 4,50 (Treppe), € 8 (Fahrstuhl zur 2. Plattform), € 13 (3. Plattform), ermäßigt € 3,50/6,40/9,90

Als der Ingenieur Gustave Eiffel den für 1889 – die Einhundertjahrfeier der Französischen Revolution und eine Weltausstellung – ausgeschriebenen Wettbewerb gewonnen hatte, regte sich sofort Kritik an seinem Vorschlag. Die ungewöhnliche Metallkonstruktion war eine Weiterentwicklung aus seinen Erfahrungen im Brückenbau. Als »verschrobene Phantasterei eines Maschinenbauers« und »teuflische Konstruktion« beschimpfte man das Projekt.

Nichtsdestotrotz wurde der Eiffelturm gebaut, seinerzeit das höchste Gebäude der Welt. Bald inspirierte er Maler, Dichter, Fotografen und Filmemacher: Robert Delaunay malte ihn wie auch Seurat, der Zöllner Rousseau, Utrillo und Chagall. Truffaut und andere Regisseure bauten ihn in ihre Filme ein. Wagemutige dagegen reizte der Turm zu risikoreichen Abenteuern: Akrobaten spannten ihre Seile hinauf, ein Radfahrer fuhr 1923 die Treppen hinab, ein Pilot flog 1945 mit dem Flugzeug zwischen den Pfeilern hindurch.

Aufgrund des Besucheransturms ist mit Wartezeit zu rechnen, wenn man zu den Plattformen – in 57, 115 und 274 m Höhe – hinauf will. Die oberste Aussichtsterrasse lohnt sich vor allem bei extrem klarer Sicht; der Blick reicht dann über Paris hinaus bis weit in die Île de France.

Galerie Vivienne & Galerie Colbert → J12/13
Rue des Petits Champs (2e)
Métro Bourse
www.galerie.vivienne.com

Von den einst weit über 100 Pariser Passagen aus dem 19. Jh. sind kaum mehr 30 erhalten. Durch ihre Glasdächer fällt matt gefiltertes Tageslicht, und so bieten sie Flaneuren Zuflucht an Regentagen (und auch vor dem Lärm der Großstadt). Die Galerie Vivienne und die parallele Galerie Colbert, die beiden elegantesten Pariser Passagen, wurden 1823 und 1828 erbaut. In Pastelltönen restauriert,

Die Fontänen auf dem Champ de Mars mit dem Eiffelturm im Hintergrund

Architektur und andere Sehenswürdigkeiten

Unter dem neuen weißen Triumphbogen im Pariser Vorort La Défense – La Grande Arche – wirken Menschen klein wie Ameisen

kommen der Mosaikfußboden und das elegante klassizistische Dekor wieder gut zur Geltung.

Grande Arche de La Défense
➡ aC3
1, parvis de la Défense (17e)
Métro Grande Arche de la Défense
✆ 01 49 07 27 27
www.grandearche.com
Tägl. April–Aug. 10–20, Sept.–März 10–19 Uhr, Eintritt € 10/8,50
Der überdimensionierte Triumphbogen im Wolkenkratzerviertel La Défense verlängert die historische Achse vom Louvre über die Champs-Élysées bis zum Arc de Triomphe – bis nach La Défense. Vom Architekten als »Fenster zur Welt, mit dem Blick auf die Zukunft« konzipiert, nimmt der innere Ausschnitt des Bogens die Maße des Ehrenhofs im Louvre wieder auf: Notre-Dame fände darin Platz. Grandiose Aussicht von der Dachterrasse in 110 m Höhe.

Hôtel de Ville ➡ M15
Place de l'Hôtel de Ville (4e)
Métro Hôtel-de-Ville
✆ 01 42 76 43 43, www.paris.fr
Das Pariser Rathaus entstand im 19. Jh. als Rekonstruktion eines älteren Vorgängerbaus und ist Sitz der Stadtverwaltung und des Bürgermeisters. Franz I. ließ Anfang des 16. Jh. ein reich mit Giebeln, Türmchen, Statuen und Fassadenschmuck verziertes Rathaus im Stil der Renaissance erbauen. 1871 wurde das Rathaus von den

Vista Points

Sitz der Stadtverwaltung und des Oberbürgermeisters: der Renaissancebau des Hôtel de Ville

Kommunarden niedergebrannt, aber schon bald darauf im Stil der Neorenaissance wiederaufgebaut, wenn auch ins Bombastische vergrößert (der Originalbau entsprach nur etwa dem heutigen Mittelteil).

Institut du Monde Arabe
➡ O15/16
1, rue des Fossés Saint-Bernard (5e)
Métro Jussieu, Cardinal-Lemoine
℃ 01 40 51 38 38, www.imarabe.org
Tägl. außer Mo 10–18 Uhr
Jean Nouvel hat dem arabischen Kulturzentrum die Form eines gläsernen Dampfers gegeben und die Fassade mit sich je nach Lichteinfall öffnenden, metallenen Blenden versehen, die an arabische Fenstergitter erinnern und im Innern für schöne Schattenspiele sorgen. Das Museum zur islamischen Kultur und die Ausstellungen sind auch für Paris-Besucher interessant, Filmreihen und Vorträge richten sich eher an die Hauptstädter selbst. Gut sortierte Buchhandlung, von der obersten Etage schöne Aussicht auf die Seine-Inseln und Notre-Dame.

❽ Invalidendom ➡ M7/8
Esplanade des Invalides (7e)
Métro Varenne
℃ 0810-11 33 99, www.invalides.org
Okt.–März tägl. 10–17, April–Sept. 10–18 Uhr, Eintritt € 9/7
Weithin strahlt die vergoldete Kuppel des Invalidendoms, die für die 200-Jahr-Feier der Französischen Revolution im Jahr 1989 neuen Glanz erhielt. Der ab 1680 erbaute Dom gehört zu einem Gebäudekomplex, der auch das Hôtel des Invalides und die Kapelle Saint-Louis einschließt. König Ludwig XIV. hatte den Auftrag für den riesigen Bau erteilt, um Kriegsinvaliden ein Obdach zu geben. Bis zu diesem Edikt hatten Verwundete, Alte und Kranke mit keinerlei Versorgung zu rechnen und waren auf die Hilfe der Klöster angewiesen oder gezwungen, durch Betteln zu überleben. Heute sind hier das Armeemuseum, das Museum für Zeitgeschichte und das Museum für Karten und Pläne untergebracht.

Statt des Sonnenkönigs fand allerdings ein anderer französischer Herrscher hier seine letzte Ruhe. Genau unter der zentralen Kuppel befindet sich das Grab von Napoleon, der sich 1804 selbst zum französischen Kaiser gekrönt hatte. 1821 im Exil auf St. Helena gestorben, hatte man die sterblichen Überreste des Empereurs 1840 mit großem Pomp nach Paris überführen lassen. Seine Gebeine

Architektur und andere Sehenswürdigkeiten

sind von sieben Särgen gesichert: Zink, Mahagoni, zwei aus Blei, Ebenholz und Eiche, alle verpackt in einem Sarkopharg aus Porphyr.

Katakomben ➜ aD4
1, av. Colonel Henri Rol-Tanguy (14e)
Métro Denfert-Rochereau
℡ 01 43 22 47 63
www.catacombes-de-paris.fr
Tägl. außer Mo 10–17 Uhr
Eintritt € 8/6
Ende des 18. Jh. wurden zahlreiche innerstädtische Friedhöfe aufgelöst und die Skelette von mehr als 6 Mio. Menschen unterirdisch in ehemaligen Steinbrüchen aufgestapelt – fein säuberlich sind die Knochen nach Körperteilen sortiert.

Moschee ➜ Q15
Place du Puits-de-l'Ermite (5e)
Métro Place Monge, Censier-Daubenton, ℡ 01 45 15 11 22
www.la-mosquee.com
Tägl. außer Fr 9–12 und 14–18 Uhr
Das Minarett der Moschee am Jardin des Plantes wirkt wie eine orientalische Fata Morgana in Paris. Die gekachelten Innenhöfe können besichtigt werden, und vor allem das maurische Café im Komplex ist als ewiger Pariser Geheimtipp schon seit Langem beliebt.

❶ Notre-Dame ➜ M/N14
Place du Parvis Notre-Dame (4e)
Métro Cité, ℡ 01 42 34 56 10
www.notredamedeparis.fr
Mo–Fr 8–18.45, Sa/So bis 19.15
Turmbesteigung April–Sept. 10–18.30, Juni–Aug. Sa/So bis 23, Okt.–März 10–17.30 Uhr
Mit dem Bau von Notre-Dame wurde 1163 begonnen, doch die Kathedrale wurde erst über 150 Jahre später vollendet. Sie vereint noch teilweise romanische Strukturen mit gotischen Tendenzen.

Hier wurde Henri VI. von England im 15. Jh. zum französischen König gekrönt, Maria Stuart im 16. Jh. mit dem Dauphin vermählt, 1804 nahm hier Napoleon Papst Pius VII. die Krone aus der Hand und krönte sich selbst zum Kaiser, 1944 dankte de Gaulle für die Befreiung von Paris. Krönungskirche war Notre-Dame allerdings normalerweise nicht: Das angestammte Königshaus ließ sich in Reims salben.

Über den drei Portalen fällt dem Betrachter die Galerie der biblischen Könige mit 28 Statuen auf. Zur Zeit der Französischen Revolution waren Adelspaläste und

In der Krypta des Invalidendoms bestattet: Napoleon Bonaparte

Pont Alexandre III und Invalidendom im goldfarbenen Abendlicht

Vista Points

Gotteshäuser die bevorzugten Ziele für die Zerstörungswut der aufgebrachten Volksmassen. So wurden auch die Skulpturen Opfer der Revolution und von der Fassade abgeschlagen. Erst 1977 fand man die Köpfe in einer Baugrube wieder. Die Originale wanderten ins Musée de Cluny im Quartier Latin, an der Fassade hatte man schon im 19. Jh. Reproduktionen angebracht.

Sehenswert sind: die gewaltigen Rosettenfenster von knapp 10 m Durchmesser, die Portale und das Panorama von den Türmen, das nach den unzähligen Treppenstufen Anlass für eine erholsame Pause bietet.

Opéra Garnier ➜ G11
Place de l'Opéra (9e), Métro Opéra
℡ 08 92-89 90 90
www.opera-de-paris.fr
Tägl. 10–17.30 Uhr, Eintritt € 8/4
1860 ließ Napoleon III. einen Architekturwettbewerb für eine neue Oper ausschreiben. Der junge, noch unbekannte Architekt Charles Garnier, der die Ausschreibung gewann, entwarf ein Gebäude im pompösen, überladenen Stil des Zweiten Kaiserreichs. Schon die monumentale Fassade des 1875 eingeweihten Baus stimmte das Publikum auf einen Abend in prunkvollem Rahmen ein. Das große Foyer, die imposante Prachttreppe aus weißem und Balustraden aus buntem Marmor und der Zuschauerraum ganz in Rot und Gold boten dem Bürgertum Raum für mondäne Selbstdarstellung. Garnier (1825–98) wurde durch das extravagante Opernhaus zum berühmten Architekten, das Gebäude zum Prototyp des opulenten Second-Empire-Stils, der in Frankreich auch als Style Napoleon III. bezeichnet wird.

Palais Royal ➜ K12
Place du Palais-Royal (1er)
Métro Palais-Royal
www.palais-royal.org
Das Palais Royal war ursprünglich die Privatwohnung des Kardinals Richelieu, der 1642 hier starb und seinen riesigen Wohnsitz testamentarisch der Krone vermachte. Heute ist der Palast Sitz des Staatsrats (Conseil d'Etat). Wenig von Touristen besucht, birgt das Palais Royal seinen größten Reiz in seinem Inneren. Durch einen Durchgang und Säulenreihen erreicht man den Garten im französischen Stil, der zu den Geheimtipps in Paris gehört. Heute geht es beschaulich zu, selbst die bei ihrer Aufstellung 1984 umstrittenen schwarz-weißen Säulen und Säulenstümpfe von Daniel Buren im Ehrenhof regen niemanden mehr

Kristallglanz im opulenten »Foyer de la Danse« der Opéra Garnier

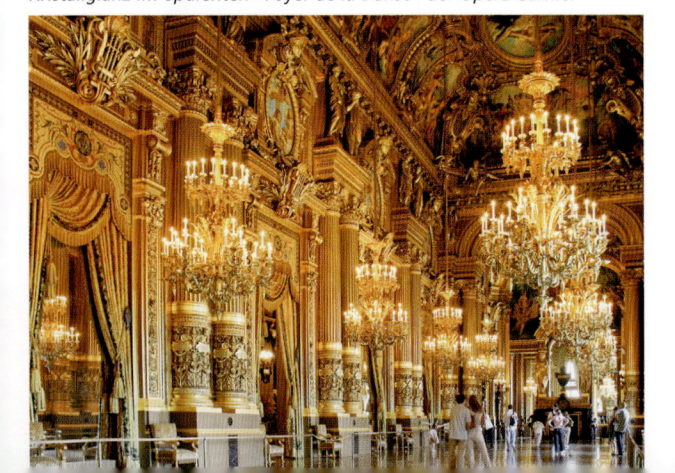

Architektur und andere Sehenswürdigkeiten

auf. Der Garten ist eine städtische Oase der Ruhe, gesäumt von Arkaden mit Galerien, Restaurants und vornehmen Geschäften.

Panthéon ➡ O/P14
Place du Panthéon (5e)
Métro Cardinal-Lemoine, Maubert-Mutualité, ✆ 01 44 32 18 00
www.pantheon.monuments-nationaux.fr
Tägl. April–Sept. 10–18.30, Okt.–März 10–18 Uhr, Eintritt € 8/5
Das Panthéon, Mitte des 18. Jh. als Kirche auf dem Hügel Sainte-Geneviève errichtet, ist heute als »Ruhmestempel großer Franzosen« dem nationalen Totenkult gewidmet. Der klassizistische Monumentalbau nach dem Vorbild des römischen Pantheons mit seiner gewaltigen Kuppel ist ein markanter Orientierungspunkt in der Pariser Stadtsilhouette.

Zur Zeit der Französischen Revolution und endgültig nach dem Tode Victor Hugos 1885 wurde aus der Kirche ein profaner Sakralraum: »Den großen Männern, das dankbare Vaterland« steht über dem Eingang. Die Schriftsteller Victor Hugo, Voltaire, Diderot, Jean-Jacques Rousseau, Emile Zola, André Malraux, Alexandre Dumas, der Widerstandskämpfer Jean Moulin, der am Vorabend des Ersten Weltkriegs ermordete Sozialistenführer und Pazifist Jean Jaurès wurden in der Krypta beigesetzt. Eine der wenigen Frauen im Panthéon ist die Chemikerin und Nobelpreisträgerin Marie Curie.

Für den ungemütlichen Teil in der Tiefe der kühlen Totenkammer entschädigt der herrliche Ausblick in luftiger Höhe von der Säulengalerie der Kuppel, zu der man hinaufsteigen kann.

Place de la Concorde ➡ J9
(1er/8e), Métro Concorde
Anders als die geschlossenen Anlagen der Place Vendôme, Place des Victoires und Place des Vos-

Der Aufklärer Voltaire wurde als Erster in das Rund der nationalen Grabstätte des Panthéon aufgenommen

ges wirkt die Place de la Concorde wie eine weite, offene Fläche. Als einzige Gebäude direkt am Platz flankieren das Luxushotel Crillon und das Marineministerium die an der Schmalseite einmündende Rue Royale. Der weitläufige Platz eröffnet zwei Blickachsen – in Ost-West-Richtung zwischen Louvre und Arc de Triomphe, in Nord-Süd-Richtung zwischen Madeleine-Kirche und Palais Bourbon, in dem die Nationalversammlung tagt.

In der Mitte steht der über 3000 Jahre alte Obelisk aus dem Tempel von Luxor, ein Geschenk Ägyptens an den Bürgerkönig Louis-Philippe. Allein der Transport bereitete wegen des Gewichts enorme Schwierigkeiten und nahm mehrere Jahre in Anspruch. Zur Aufrichtung des 23 m hohen, etwa 230 t schweren Monolithen aus Rosengranit am 25. Oktober 1834 strömten rund 200 000 Schaulustige zusammen.

Place des Vosges ➡ M17
(4e), Métro Bastille
Der schönste Pariser Platz verdankt sich König Henri IV., der ihn ab 1605 anlegen ließ. Es entstanden 36 elegante Pavillons mit umlaufenden Arkaden im Erdgeschoss, je zwei Geschossen darü-

Vista Points

Ausgesprochen idyllisch: die Place des Vosges (Vogesenplatz) im Marais

ber und steilen Schieferdächern, die den Platz an allen vier Seiten begrenzen (der Straßendurchbruch stammt aus späterer Zeit). Nur die beiden Torbauten, der Pavillon de la Reine im Norden und der Pavillon du Roi im Süden, unterbrechen die Einheitlichkeit des Ensembles und heben sich durch ihre Höhe ab. Allerdings zeigt fast jedes Gebäude eine Vielfalt an Details, kleine Abweichungen an Giebeln, Fenstern und Lukarnen, die die strenge Symmetrie auflockern. Das Material, rote Ziegel, eingefasst von hellem Naturstein, verleiht der italienischen Renaissance hier die freundliche Wärme niederländischer Marktplätze.

Noch heute wirkt die Place des Vosges ausgesprochen idyllisch: Rund um die umgitterte Grünanlage finden sich unter den Arkaden Antiquitätenläden, ein Sterne-Restaurant und ein paar Bistros.

Place Vendôme ➜ J11
(1er), Métro Tuileries
Die Place Vendôme wurde von Jules Hardouin-Mansart an der Wende zum 18. Jh. als geschlossene klassizistische Platzanlage mit weitgehend einheitlicher Fassadengestaltung entworfen. Heute wecken hier die Schaufenster berühmter Juwelierläden und Herrenschneider kostspielige Wünsche.

In der Mitte des Platzes, der nur von einer Straße durchschnitten wird, ließ Napoleon 1810 zur Erinnerung an die siegreiche Schlacht bei Austerlitz die Vendôme-Säule errichten. Um sie winden sich spiralförmig Bronzereliefs, die aus den erbeuteten Kanonen gegossen wurden und nach dem Vorbild der Trajanssäule in Rom Schlachtszenen zeigen, während die Statue oben auf der 44 m hohen Säule Napoleon als Cäsar mit Lorbeerkranz und Toga darstellt (allerdings mehrfach gestürzt und mehrfach wieder erneuert).

❺ Sacré-Cœur ➜ C13
Parvis de Sacré-Cœur (18e)
Métro Abbesses, Anvers
Über steile Straßen und Treppen oder mit der Funiculaire de Montmartre ab Rue du Cardinal DuBois geht es hinauf zur Kirche Sacré-Cœur. Die mattweiße Kuppelkirche auf dem Montmartre-Hügel gehört zu den charakteristischen Wahrzeichen der Pariser Stadtsilhouette.

Nach der Niederlage im Deutsch-Französischen Krieg von 1870/71 und der Niederschlagung der Pariser Kommune wurde Sacré-Cœur als Sühne- und Pilgerkirche errichtet – sozusagen als frommes Zeichen der Buße und Sühne für das (revolutionsfreundliche und gottlose) Sündenbabel

Architektur und andere Sehenswürdigkeiten

zu ihren Füßen. Die 1877 begonnene und erst 1914 fertiggestellte Basilika vereint Stilelemente romanischer, gotischer und byzantinischer Baukunst – nach dem Vorbild der Kathedrale von Périgueux im Südwesten Frankreichs. Um solche Hintergründe scheren sich Touristen recht wenig, für sie ist Sacré-Cœur ein dekoratives Foto- oder Postkartenmotiv. Und eindrucksvoll ist die Aussicht auf die Dächer von Paris nicht nur von der Kuppel in luftiger Höhe, zu der man mehr als 200 Stufen hinaufklettern muss, sondern auch schon von der Treppenanlage vor der Kirche.

Sainte-Chapelle ➧ M13
4, bd. du Palais (1er), Métro Cité
✆ 01 53 40 60 80
www.sainte-chapelle.monuments-nationaux.fr
Tägl. März–Okt. 9.30–18, Nov.–Feb. 10–17 Uhr, Eintritt € 8/5
Mitten im Justizpalast auf der Île de la Cité versteckt sich das Farbwunder der Sainte-Chapelle. Als kostbarste aller christlichen Reliquien hatte Ludwig IX. die Dornenkrone Christi für die auch damals unvorstellbar große Summe von 135 000 Livres dem Kaiser von Konstantinopel abgekauft. Um sie würdig unterzubringen, ließ der König Mitte des 13. Jh. neben seinem Palast eine Kirche errichten, die alle anderen an Kühnheit und Schwerelosigkeit übertreffen sollte. In nur zwei Jahren entstand ein Meisterwerk gotischer Architektur, ein lichtdurchfluteter Reliquienschrein.

Während in der farbenprächtigen, aber dunklen und gedrückten Unterkirche der Hofstaat am Gottesdienst teilnahm, war die lichte, festlich-schimmernde Oberkirche, ein scheinbar nur noch aus einem blau-roten Farbakkord bestehendes Glasgehäuse, dem König und seiner Familie vorbehalten. Überwältigt waren schon die Zeitgenossen Ludwigs des Heiligen, doch erstaunt ist auch der heutige Besucher, dass solch zerbrechliche Schönheit überhaupt den Lauf der Zeiten überdauerte: Mehr als die Hälfte der riesigen Fenster mit über 1000 Bibelszenen ist noch original erhalten.

Saint-Denis ➧ aC4
1, rue de la Légion d'Honneur
Metro 13 Basilique de Saint-Denis
✆ 01 48 09 83 54, www.monum.fr
April–Sept. Mo–Sa 10–18.15, So 12–18.15, Okt.–März Mo–Sa 10–17.15, So 12–17.15 Uhr
12 Jahrhunderte lang, von Dagobert, der im 7. Jh. hier eine Benediktinerabtei begründet hatte, bis zu Ludwig XVIII., wurden fast alle französischen Könige in Saint-Denis bestattet. Besonders sehenswert sind die prächtigen Grabmäler von Ludwig XII. und Anne de Bretagne, Franz I. und Claude de France, Henri II. und Katharina von Medici.

Unter Abt Suger (1081–1151) wurde Saint-Denis zum Vorbild der gotischen Kathedralen Frankreichs. Nach 1130 ließ er vor den karolingischen Bau im Westen eine neue Fassade setzen und im Osten einen neuen Chor anbauen. Unter dem Chor liegt mit der auf karolingische Zeit zurückgehenden Krypta der älteste Teil des Bauwerks. Während im Westbau die neue gotische Bauweise noch ein wenig schwerfällig wirkt, hatte Suger für den Chor einen Baumeister gefunden, der eine Vision einer Lichtmetaphysik zu verwirklichen vermochte. Erstmals werden Spitzbogen, Rippen und Dienste so eingesetzt, dass die Gewölbe nicht mehr von den Wänden, sondern von Säulen und Pfeilern getragen werden und große Öffnungen für Fenster möglich wurden.

Tour Montparnasse ➧ P/Q9
33, av. du Maine (15e)
Métro Montparnasse-Bienvenue

www.tourmontparnasse56.com
Okt.–März So–Do 9.30–22.30, Fr/Sa bis 23, April–Sept. tägl. 9.30–23.30 Uhr, Eintritt € 10,50/4,50/7,50
Der einzige Wolkenkratzer im Zentrum der Stadt wurde bei der Errichtung heftig kritisiert. Der Vorzug dieses Fremdkörpers in der Pariser Stadtsilhouette eröffnet sich erst von oben: Von der Dachterrasse bietet sich ein eindrucksvolles Panorama. Mit einem Express-Lift gelangt man in wenigen Sekunden zur Aussichtsplattform.

Versailles ➜ aE2

Anfahrt: 20 km, mit dem Auto über die N 185, mit der Linie C der RER bis Versailles-Rive Gauche
℡ 01 30 83 78 00
www.chateauversailles.fr
Tägl. außer Mo Nov.–März 9–17.30, April–Okt. 9–18.30 Uhr
Grand und Petit Trianon tägl. außer Mo Nov.–März 12–17.30, April–Okt. 12–18.30 Uhr
Park Besichtigung frei, im Winter 8–18, im Sommer 7–20.30 Uhr
Wasserspiele nur So im Sommer
Eintritt Schloss, Park, Trianon und Hameau April–Okt. € 20, Nov.–März € 16, inklusive Grandes Eaux € 25, Ticket nur für die Schlossbesichtigung € 13,50
Schloss und Gärten des Sonnenkönigs Ludwig XIV. sind Inbegriff und Symbol des Absolutismus im 17. Jh. Der Besuch von Versailles bildet einen Schlüssel zum Verständnis der Grande Nation.

Friedhöfe

Cimetière de Montmartre
➜ C/D10/11
20, av. Rachel (18e), Métro Blanche
Mo–Fr 8–18, Sa/So 9–17.30 Uhr
Über den Friedhof führt eine Eisenbrücke hinweg; darunter ruhen Offenbach, Heine, Zola, Stendhal, die Brüder Goncourt, François Truffaut und Dalida sowie zahllose weitere Prominente.

Cimetière du Montparnasse
➜ südl. P10
3, bd. Edgar-Quinet (14e)
Métro Raspail
Mo–Fr 8–18, Sa 8.30–18, So 9–18, Nov.–März bis 17.30 Uhr
Auf dem Friedhof mit linearem, in Divisionen aufgeteiltem Raster sind viele Künstler bestattet, der Bildhauer Constantin Brancusi, der Dichter Baudelaire und der Chansonnier Serge Gainsbourg, der Architekt der Oper Charles Garnier, die Schriftsteller Samuel Beckett und Guy de Maupassant, die Schauspielerin Jean Seberg und die Fotografen Gisèle Freund und Man Ray (kostenloser Plan am Eingang). Als Jean-Paul Sartre (*1905) im April 1980 starb, folgten seinem Sarg rund 50 000 Menschen. Direkt neben dem Schriftsteller fand Simone de Beauvoir ihre letzte Ruhestätte.

❾ Cimetière du Père Lachaise
➜ aD4
Bd. de Ménilmontant (20e)
Métro Père-Lachaise
April–Okt. Mo–Sa 8–18, So 9–18, Nov.–März Mo–Sa 8.30–17, So 9–18 Uhr

Rückfront der Sainte-Chapelle hinter dem prachtvollem Eingangstor des Palais de Justice

Friedhöfe

Der parkartige, mit rund 43 ha und einem Wegenetz von 15 km sehr weitläufige Friedhof mit seinen großen Mausoleen und skurrilen bis pompösen Grabfiguren verführt zu ausgedehnten Spaziergängen. Hier fand eine Vielzahl berühmter Persönlichkeiten aus Kunst und Kultur ihre letzte Ruhe.

Für Literaturfans bietet sich ein Besuch der Gräber von Molière, La Fontaine, Balzac, Proust, Oscar Wilde, Apollinaire, Colette und Gertrude Stein an. Auch an Malern fehlt es auf diesem Friedhof nicht: Pissarro, Ingres, Daumier, Delacroix, Corot, Gustave Doré, Seurat und Marie Laurencin sind die bekanntesten.

Musikliebende Besucher zieht es wahrscheinlich zu den Gräbern von Chopin, Rossini, Maria Callas oder Edith Piaf, dem »Spatz von Paris«. Und nicht zu vergessen Jim Morrison, der Leadsänger der Gruppe »The Doors«, der mit 28 Jahren starb.

Weitere illustre Tote: Sarah Bernhardt, der Maler Modigliani (und an seiner Seite seine Geliebte Jeanne, die sich einen Tag nach seinem Tod aus dem Fenster stürzte), das Grab der Tänzerin Isadora Duncan unter der Nr. 6796 in der zweistöckigen Urnenhalle, Dr. Guillotin, der Erfinder des Fallbeils, Baron Haussmann, der Stadtplaner des 19. Jh., die Schauspielerinnen Simone Signoret und Pascale Ogier, der Fotograf Nadar.

Am Haupteingang erhält man einen Lageplan, mit dem die Grabstätten der »Lieblingstoten« ausfindig zu machen sind.

Pariser Passagen

Die meisten der einst mehr als 100 Pariser Passagen wurden zwischen 1820 und 1840 angelegt. Zum Erfolg der glasüberdachten Ladenstraßen trug nicht unwesentlich bei, dass man vor Wind und Wetter geschützt war und trockenen Fußes flanieren konnte. Dazu kam das künstliche Licht, so dass die Pariser erstmals auch abends noch bummeln konnten.

Nostalgisches Überbleibsel aus dem 19. Jahrhundert: die Passage Verdeau (Montmartre)

Gerade mal ein halbes Jahrhundert dauerte die Glanzzeit der Passagen. Zu ihrem Niedergang trugen das Aufkommen der Kaufhäuser bei (Bon Marché, Printemps, Samaritaine und Galéries Lafayette eröffneten 1852, 1865, 1870 und 1899) und der Erfolg der neuen Boulevards mit ihren breiten Bürgersteigen, Bäumen, Grünanlagen und abendlicher Beleuchtung mit Straßenlaternen. Die Passagen gerieten allmählich in Vergessenheit, verfielen oder wurden abgerissen. Einige wenige, die die Jahrzehnte überdauerten, haben Denkmalschützer im 20. Jh. gerettet. Glasdächer und Holzvertäfelungen wurden sorgsam restauriert und verwandelten die Galerien wieder in lichte Einkaufswelten mit luxuriösen Ladenlokalen. Zu den schönsten gehören die **Passage des Panoramas, Passage Jouffroy und Passage Verdeau** ➜ G12/13, die aneinander anschließen und vom Boulevard Montmartre aus zugänglich sind (Métro Grands Boulevards), die **Galerie Véro-Dodat** ➜ K13 unweit des Louvre (Métro Louvre-Rivoli), die **Passage du Grand Cerf** ➜ J14 an der Rue Saint-Denis (Métro Etienne Marcel) und die vornehmen **Galeries Vivienne** und **Colbert** ➜ J12/13 nahe dem Palais Royal (Métro Bourse).

Erleben & Genießen

Übernachten: Hotels, Appartements

In Paris gibt es rund 1500 Hotels. Trotzdem ist es ratsam, sechs bis zwölf Wochen im Voraus zu reservieren, besonders frühzeitig für Feiertage wie Ostern und Pfingsten. Eine Reservierung per Internet ist empfehlenswert, die Zimmer sind meist billiger als bei der Direktbuchung im Hotel und man findet dort Bewertungen anderer Gäste. Beispielsweise unter www.parishotels.com, www.hotels-paris.org, www.hrs.de, www.venere.com, www.hotelsinparis.com, www.france-hotel-guide.com.

In Frankreich sind Doppelbetten üblich; wer getrennte Betten haben möchte, muss dies bei der Buchung angeben. Das Frühstück ist meist nicht im Preis inbegriffen. Kaum ein Haus der einfachen Kategorie und der Mittelklasse verfügt über eine eigene Parkmöglichkeit.

Da Paris das ganze Jahr über ein beliebtes Reiseziel ist, gibt es kaum Rabatte wie Wochenend- oder Nebensaisontarife. Ab etwa € 100 für ein DZ kann man mit (niedrigem) Hotelstandard rechnen, ab etwa € 250 mit Mittelklassehotels.

Die angegebenen Preiskategorien gelten für ein Doppelzimmer pro Nacht (ohne Frühstück):

€	– unter 100 Euro
€€	– 100 bis 250 Euro
€€€	– 250 bis 350 Euro
€€€€	– über 350 Euro

Hotels

Die Ziffern in den Klammern geben den Bezirk an.

Terrass'Hôtel ➡ C11
12–14, rue Joseph-de-Maistre (18e)
75018 Paris
Métro Place de Clichy
✆ 01 46 07 72 85, Fax 01 44 92 34 30
www.terrass-hotel.com
Grandioses Hotel mit fantastischer Terrasse, unweit von Montmartre. €€€€

Le Saint-Grégoire ➡ O10
43, rue de l'Abbé-Grégoire (6e)
75006 Paris
Métro St. Placide

Markant: die riesigen korinthischen Säulen des Panthéon

Übernachten

Café auf der Île Saint-Louis

✆ 01 45 48 23 23, Fax 01 45 48 33 95
www.parishotellesaintgregoire.com
Kleines Hotel in ruhiger Lage. €€€

L'hôtel du Panthéon ➜ O13
19, place du Panthéon (5ᵉ)
75005 Paris
Métro Luxembourg, Cardinal Lemoine
✆ 01 43 54 32 95, Fax 01 43 26 64 65
www.hoteldupantheon.com
Angenehmes Hotel direkt am Panthéon. €€€

Le Lenox ➜ M11
9, rue de l'Université (7ᵉ)
75007 Paris
Métro Saint-Germain des Près
✆ 01 42 96 10 95, Fax 01 42 61 52 83
www.lenoxsaintgermain.com
Sehr schön gelegen, ruhige Straße. €€€

L'hôtel du Quai Voltaire ➜ L11
19, quai Voltaire (7ᵉ)
75007 Paris
Métro Rue du Bac
✆ 01 42 61 50 91
Fax 01 42 61 62 26
www.quaivoltaire.fr
Unweit von St. Germain des Près. €€

Hotel des Grandes Écoles ➜ O15
75, rue Cardinal Lemoine (5ᵉ)
75005 Paris
Metro Cluny, La Sorbonne
✆ 01 43 26 79 23, Fax 01 43 25 28 15
www.hotel-grandes-ecoles.com
Sehr idyllisch in drei Landhäusern aus dem 19. Jahrhundert mit Garten – und trotzdem mitten im Quartier Latin. €€

L'hôtel des Saints-Pères ➜ M11
65, rue des Saints-Pères (7ᵉ)
75007 Paris
Métro St. Germain des Près
✆ 01 45 44 50 00, Fax 01 45 44 90 83
www.paris-hotel-saints-peres.com
Unweit von Saint-Germain des Prés. €€€

L'hôtel des Deux-Îles ➜ N15
59, rue Saint-Louis-en-Î'Ile (4ᵉ)
75004 Paris
Métro Hôtel de Ville, Pont Marie
✆ 01 43 26 13 35, Fax 01 43 29 60 25
www.deuxiles-paris-hotel.com
Sehr romantisch auf der Île Saint-Louis gelegen, nahe Notre-Dame. €€€

Hôtel Mama Shelter ➜ aD4
109, rue Bagnolet (20ᵉ)

Erleben & Genießen

75020 Paris
Métro Gambetta
☏ 01 43 48 48 48, Fax 01 43 48 49 49
www.mamashelter.com.
Das moderne Hotel mit 170 Zimmern, die von Philippe Starck gestaltet wurden, liegt nahe dem Friedhof Père Lachaise im Multikulti-Viertel Belleville. WLAN-Zugang. Frühbucher im Internet können erheblich am Zimmerpreis sparen. €€

La Manufacture ➡ aD4
8, rue Philippe de Champagne (13e), 75013 Paris
Métro Place d'Italie
☏ 01 45 35 45 25, Fax 01 45 35 45 40
www.hotel-la-manufacture.com
Hinter einer Fassade aus dem 19. Jahrhundert verbirgt sich ein stylisches Interieur. Die geringe Größe der Zimmer wird durch die schicke Einrichtung wieder wettgemacht. Das Personal ist sehr freundlich und spricht englisch, eher eine Seltenheit in Paris. €€

Hôtel du Petit Moulin ➡ K16
29–31 rue du Poitou (3e)
75003 Paris
Métro Saint-Sébastien Froissard, Filles du Calvaire
☏ 01 42 74 10 10, Fax 01 42 74 10 97
www.paris-hotel-petitmoulin.com
Im Marais-Viertel liegt dieses von Christian Lacroix gestaltete Hotel.

> **Hotelbars**
> Hotelbars führten lange ein Schattendasein in Paris. Auch ansonsten gibt es kaum Barkultur – vielleicht weil Frankreich ein Weinland ist, haben es Cocktails und Longdrinks schwer. Jetzt entdeckt Paris Lounges und Hotelbars wie die des Montalembert, des Crillon, des Plaza Athénée oder die Lounge Bar im Hotel Pershing Hall. Legendär ist auch die nach Stammgast Hemingway benannte Bar im Hotel Ritz an der Place Vendôme.

Die Zimmer sind sehr individuell und stylisch und farbenfroh dekoriert; rollstuhlfahrerfreundlich, WLAN gegen Aufpreis. €€

Hôtel de la Place du Louvre ➡ L13
21, rue des Prêtres-Saint-Germain-l'Auxerrois (1er)
75001 Paris
Métro Pont-Neuf, Louvre-Rivoli
☏ 01 42 33 78 68, Fax 01 42 33 09 95
www.paris-hotel-place-du-louvre.com
Hotel direkt am Louvre mit modern eingerichteten Zimmern. €€

Hotel Sévigné ➡ M16
2, rue Malher (4e)
75004 Paris
Métro St. Paul
☏ 01 42 72 76 17, Fax 01 42 78 68 26
www.le-sevigne.com
Im Herzen des historischen Marais-Viertels. €€

Hôtel Thérèse ➡ J12
5–7, rue Thérèse (1er)
75001 Paris
Métro Palais-Royal, Pyramides
☏ 01 42 96 10 01, Fax 01 42 96 15 22
www.hoteltherese.com
Familiäres Hotel nahe Palais Royal und Louvre mit drei Preiskategorien, die De-luxe-Zimmer kosten deutlich mehr. €€

Hôtel Jeanne d'Arc ➡ M17
3, rue de Jarente (4e)
74004 Paris
Métro Saint-Paul
☏ 01 48 87 62 11, Fax 01 48 87 37 31
www.hoteljeannedarc.com
Einfaches Hotel im Marais mit Minimalkomfort, aber gepflegt und mit freundlichem Service (auch Drei- und Vierbettzimmer). €

L'Esmeralda ➡ N14
4, rue Saint-Julien-le-Pauvre (6e)
75006 Paris
Métro Saint-Michel
☏ 01 43 54 19 20, Fax 01 40 51 00 68
Kleines Hotel mit vielen einstigen

namhaften Gästen und nostalgischem Charme, direkt im Quartier Latin. Die Zimmer sind sehr klein, Tapeten haben Blumenmuster, die Möbel scheinen vom Flohmarkt zu stammen Einzelzimmer ohne eigene Dusche. Kein Aufzug. €

Hôtel des Marronniers ➜ M12
21, rue Jacob (6e)
75006 Paris
Métro Saint-Germain-des-Prés
✆ 01 43 25 30 60, Fax 01 40 46 83 56
www.hotel-marronniers.com
Ruhiges Hotel in einem Hinterhaus in Saint-Germain. Frühstück im Wintergarten oder Garten mit Kastanienbäumen *(marronniers)*. €€

Zentral und trotzdem ruhig: das Marais-Viertel

Hôtel Mayet ➜ O9
3, rue Mayet (6e)
75006 Paris
Métro Duroc
✆ 01 47 83 21 35, Fax 01 40 65 95 78
www.mayet.com
Witzig individuell eingerichtetes, farbenfrohes Hotel mit 23 Zimmern in grau-weiß-rotem Ikea-Stil. Frühstück im Gewölbekeller. €

Hotel Moderne ➜ M16
3, rue Caron (4e)
75004 Paris
Métro Saint-Paul
✆ 01 48 87 79 14, Fax 01 48 87 97 05
Einfaches Hotel, zentral gelegen im Marais-Viertel. €

Hôtel Regyn's Montmartre
➜ D12
18, place des Abbesses (18e)
75018 Paris
Métro Abbesses
✆ 01 42 54 45 21
Fax 01 42 23 76 69
www.regynsmontmartre.com
Hotel mit 22 eher kleinen Zimmern in Montmartre. Von den oberen Etagen bietet sich eine schöne Aussicht über die Stadt oder auf Sacré-Cœur. €

St. Christopher's Inns ➜ aC4
159, rue de Crimée (19e)
75019 Paris
Métro Riquet
✆ 01 40 34 34 40
www.st-christophers.co.uk
Neues Backpacker-Hostel in traumhafter Lage direkt am Wasser des Bassin de la Villette. €

Appartements

Lodgis
– 47, rue de Paradis (10e)
75010 Paris
– 6, rue Le Goff (5e)
75005 Paris
✆ 01 70 39 11 11
www.lodgis.com
Die Agentur hat 1000 möblierte Appartements von guter Qualität zu günstigen Preisen im Angebot. Endreinigung muss selbst vorgenommen oder zusätzlich bezahlt werden.

Appartements und Ferienwohnungen findet man auch unter:
www.chezvous.com
www.all-paris-apartments.com/de/
www.fewo-direkt.de
www.homelidays.de

Erleben & Genießen

Essen und Trinken: Restaurants, Cafés und Salons de thé

Nirgendwo gibt es mehr Restaurantsterne pro Quadratkilometer als in Paris, nirgendwo eifern mehr talentierte Köche ihren großen Vorbildern nach. Die Küche in Paris ist die raffinierteste, vielseitigste, beste der Welt. Mit zwei Einschränkungen: Die Diktatur des Neuen führt schon mal dazu, dass in Modelokalen dem Ambiente und Styling mehr Aufmerksamkeit gewidmet wird als der Küche. Ärgerlich ist, wenn der Erfolg ein bislang auch im Service erstklassiges Restaurant dazu verführt, alles in Windeseile zu servieren, um den Tisch noch ein weiteres Mal zu besetzen.

Einer der großen Vorzüge von Paris ist die Vielseitigkeit der Auswahl. Neben der klassischen Haute Cuisine ist auch die regionale französische Küche gut vertreten sowie die internationale Küche, von den Antillen über Marokko bis Vietnam. Mittags bieten fast alle Lokale eine günstige *Formule* an (Hauptgericht und wahlweise Vorspeise oder Dessert).

Die empfohlenen Restaurants sind nach Preisklassen sortiert, die sich auf den durchschnittlichen Preis für ein Menü beziehen.

Untere Preislage:	bis 30 Euro
Mittlere Preislage:	30 bis 60 Euro
Höhere Preislage:	60 bis 150 Euro
Sterneküche/oberste Preislage:	über 150 Euro

Restaurant

Untere Preisklasse:

AOC ➡ O15
14, rue des Fossés Saint-Bernard (5e), Métro Jussieu
℡ 01 43 54 22 52
www.restoaoc.com
Di–Fr bis 23 Uhr
Das freundliche Bistro nahe dem Institut du Monde Arabe ist spezialisiert auf deftige Fleischgerichte. Menü 29 €.

Chartier ➡ G13
7, rue du Fbg.-Montmartre (9e)
Métro Grands Boulevards
www.restaurant-chartier.com
Tägl. 11.30–14.30 und 18–21.30 Uhr, keine Reservierung
Ein großes (350 Plätze), lautes und ausgesprochen preiswertes Speiselokal *(bouillon)*, wie es im 19. Jh. noch weit mehr gab – eine echte Pariser Institution. Man sollte hier keine kulinarischen Höhenflüge erwarten, die Gerichte sind sehr schlicht. Das Jahrhundertwendedekor – Wandspiegel, Stuckverzierungen und das Glasdach – steht unter Denkmalschutz.

Marianne ➡ L16
2, rue des Hospitalière-Saint-Gervais (4e), Métro Saint-Paul
℡ 01 42 72 18 86
Tägl. 11.30–24 Uhr
Im jüdischen Delikatessenladen kann man sich Teller mit Falafel und Vorspeisen zusammenstellen.

Polidor ➡ N13
41, rue Monsieur-le-Prince (6e)
Métro Odéon

Essen und Trinken

℡ 01 43 26 95 34
www.polidor.com
Tägl. 12–14.30 und 19–0.30, So nur bis 23 Uhr
Einfaches, seit 1845 bestehendes Speiselokal mit Patina. In geselliger Enge bestellt man preiswerte Tagesgerichte. Großer Andrang, hoher Geräuschpegel.

Mittlere Preisklasse:

Alcazar ➡ M12
62, rue Mazarine (6e)
Métro Odéon
℡ 01 53 10 19 99
www.alcazar.fr
Tägl. 12–15 und 19–1 Uhr
In dem ehemaligen Revuetheater Alcazar richtete der englische Designer Terence Conran ein edelschlichtes, puristisches Lokal ein, mit typischen Brasserie-Elementen (rote Sitzbänke, Spiegel), die elegant ins Moderne übersetzt wurden. Die Küche ist französisch mit asiatischen Akzenten und nicht gerade preiswert.

Balzar ➡ N13
49, rue des Écoles (5e)
Métro Cluny-La Sorbonne
℡ 01 43 54 13 67
www.brasseriebalzar.com
Tägl. 12–23.45 Uhr
Direkt neben der Sorbonne liegt diese traditionelle Brasserie, in der sich Professoren und Verleger zum Mittagessen treffen.

Bofinger ➡ M18
3, rue de la Bastille (4e)
Métro Bastille
℡ 01 42 72 87 82
www.bofingerparis.com
Mo–Fr 12–15 und 18.30–1, Sa/So 12–1 Uhr
Die 1864 von einem Elsässer eröffnete älteste Brasserie in Paris ist stets voll und laut – und ein echter Klassiker.
In der spektakulären Belle-Époque-Einrichtung unter einer Glaskuppel werden Meeresfrüchte-Plateaus, Schweinsfüße und Sauerkrautplatten serviert.

La Coupole ➡ P10
102, bd. du Montparnasse (14e)
Métro Vavin
℡ 01 43 20 14 20, tägl. 12–2 Uhr
Statt eines Menüs bestellt man hier am besten Meeresfrüchte. Die große (500 Plätze) Art-déco-Brasserie in Montparnasse gibt es seit 1927. Die zeitweise vom Abriss bedrohte Pariser Institution wurde restauriert; schön sind die mit Fresken dekorierten Pfeiler.

Flo ➡ G15
7, cour des Petites-Ecuries (10e)
Métro Château-d'Eau
℡ 01 47 70 13 59, www.floparis.com
Tägl. 12–1.30 Uhr
Die Belle-Époque-Brasserie nahe der Gare du Nord ist populär und stets sehr belebt. Schwerpunkt der Karte: elsässische Küche, Meeresfrüchte, Fisch und *Choucroute*, Sauerkraut mit Würstchen und Pökelfleisch.

Grand Colbert ➡ J12
4, rue Vivienne (2e)
Métro Bourse
℡ 01 42 86 87 88
www.legrandcolbert.fr
Tägl. 12–1 Uhr
Die denkmalgeschützte Brasserie aus dem Jahr 1880 in der Galerie Colbert wurde restauriert. Mosaiken, Fresken, der große Tresen und der hohe Raum ergeben ein eindrucksvolles, etwas überladenes Ambiente.

Aux Crus de Bourgogne ➡ J14
3, rue Bachaumont (2e)
Métro Les Halles oder Sentier
℡ 01 42 33 48 24
Mo–Fr 12–15 und 19.30–23 Uhr
Französische Hausmannskost in einfach-rustikaler Umgebung. Vor allem mittags herrscht gesellig-gemütliche Stimmung in diesem beliebten Jahrhundertwende-Bistro mit Patina.

Erleben & Genießen

Comptoir du Relais Saint-Germain ➔ N12
5, carrefour de l'Odéon (6e)
Métro Odéon, ✆ 01 44 27 07 97
Di–Do 12–24, Fr–So 12–1 Uhr
Der renommierte Koch Yves Camdeborde hat das Hotel Relais Saint-Germain nahe der Place de l'Odéon erworben und dieses Minibistro gleich nebenan. Statt großer Karte gibt's nur ein Menü, das täglich wechselt.

Le Train Bleu ➔ aD4
20, bd. Diderot (12e)
Métro Gare de Lyon
✆ 01 43 43 09 06
www.le-train-bleu.com
Tägl. 11.30–15 und 19–23 Uhr
Das schönste Bahnhofsrestaurant der Welt besitzt eine eindrucksvolle Belle-Époque-Ausstattung mit Wand- und Deckenmalereien. Die Qualität der Lyonnaiser Küche wird dem Ambiente nicht immer ganz gerecht.

Höhere Preisklasse:

Aux Lyonnais ➔ H12
32, rue Saint-Marc (2e)
Métro Bourse, ✆ 01 42 96 65 04
www.auxlyonnais.com
Di–Fr 12–14 und 19.30–23, Sa

Unter den Arkaden des Palais Royal: das Restaurant Grand Véfour

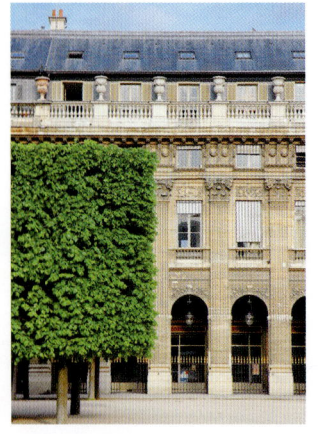

19.30–23 Uhr, So/Mo geschl.
Sternekoch Alain Ducasse hat das Traditionsbistro nahe der Börse übernommen. Im sehenswerten Interieur (mit Majorelle-Kacheln von 1890) serviert man rustikale, verfeinerte Lyoneser Gerichte.

Les Bouquinistes ➔ M13
53, quai des Grands-Augustins (6e)
Métro Saint-Michel
✆ 01 43 25 45 94
www.lesbouquinistes.com
Mo–Fr 12–14.30 und 19–23, Sa 19–23 Uhr
Zweit-Bistro von Spitzenkoch Guy Savoy am Seine-Quai, modernes, helles Interieur mit ein paar Farbtupfern, leichte, innovative Küche.

Oberste Preisklasse:

Grand Véfour ➔ J12
17, rue de Beaujolais (1er)
Métro Palais-Royal
✆ 01 42 96 56 27
www.grand-vefour.com
Fr abends, Sa/So geschl.
Das über 200 Jahre alte Restaurant unter den Arkaden des Palais Royal besitzt ein denkmalgeschütztes Interieur. Drei-Sterne-Spitzenkoch Guy Martin bietet zeitgemäße französische Küche für höchste Ansprüche.

Pierre Gagnaire ➔ G5
6, rue Balzac (8e)
Métro Georges-V
✆ 01 58 36 12 50
www.pierre-gagnaire.com
Mo–Fr 12–14 und 19.30–22, So 19.30–22 Uhr, Sa geschl.
Pierre Gagnaire, der Avantgardist unter den Sterneköchen, komponiert Produkte, Aromen, Farben und Formen zu überwältigenden, neobarocken Inszenierungen.

Guy Savoy ➔ nördl. G4/5
18, rue Troyon (17e)
Métro Charles de Gaulle – Étoile
✆ 01 43 80 40 61

Essen und Trinken

www.guysavoy.com
Di–Fr 12–14 und 19.30–22.30, Sa 19.30–22.30 Uhr
Guy Savoy, einer der Topköche Frankreichs, steht für perfekte Zubereitung und hält nichts von Schnickschnack auf dem Teller. Schwerpunkt auf der alle drei Monate wechselnden Karte sind Fisch, Geflügel und Gemüse.

Cafés und Salons de thé

Angelina ➡ J10
226, rue de Rivoli (1er)
Métro Tuileries
✆ 01 42 60 82 00
www.groupe-bertrand.de
Tägl. 9–19 Uhr
Von der österreichischen Familie Rumpelmayr gegründeter Salon de thé im Belle-Époque-Dekor. Noch heute ist das Lieblingslokal von Proust eine Institution – oft bilden sich Warteschlangen für einen freien Tisch. Gerühmte heiße Schokolade.

Aux Deux Magots ➡ M11
6, place St-Germain-des-Prés (6e)
Métro Saint-Germain-de-Prés
✆ 01 45 48 55 25
www.lesdeuxmagots.fr
Tägl. bis 1.30 Uhr
Eine Pariser Institution und berühmter Treffpunkt der Intellektuellen, schöner Blick auf die Kirche Saint-Germain.

Bar du Marché ➡ M12
75, Rue de Seine (6e)
✆ 01 43 26 55 15
Tägl. 7.30–2 Uhr
Die Café-Terrasse bietet Logenplätze für den Blick auf die belebte Rue de Buci im schönsten Teil von Saint-Germain.

Café de Flore ➡ M11
172, bd. Saint-Germain (6e)
Métro Saint-Germain-de-Prés
✆ 01 45 48 55 26
www.cafe-de-flore.com

Café Marly im Seitentrakt des Louvre – nicht eben preiswert, aber stilvoll

Tägl. bis 2 Uhr
Das legendäre, von Schriftstellern frequentierte Café ist immer noch eins der schönsten in Paris, auch wenn der Ruhm sich auf die Preise niederschlägt.

Café Marly ➡ K12
93, rue de Rivoli (1er)
Métro Palais-Royal
Tägl. 8–2 Uhr
Das schicke Café unter den Arkaden des Louvre bietet Logenplätze mit Blick auf die Glaspyramide. Besonders schön abends, wenn Louvre und Pyramide beleuchtet sind. So exklusiv wie die Lage sind auch die Preise.

Ladurée ➡ H10
16, rue Royale (8e)
Métro Madeleine
✆ 01 43 31 18 14
www.ladurée.fr
Mo–Do 8.30–19.30, Fr/Sa 8.30–20, So 10–19 Uhr
Der vornehme Salon de thé eröffnete 1862 und besitzt noch das Interieur im Stil des Second Empire mit Deckenfresken. Feine Patisserie, berühmte *macarons* (auch als Mitbringsel in edlen gefütterten Kartons). Filialen auf den Champs-Élysées und in der Rue Jacob.

Erleben & Genießen

Nightlife: Bars und Szenelokale, Jazzclubs, Diskotheken

Wie in allen Metropolen wechselt schnell, was gerade bei den Nachtschwärmern der Film-, Musik-, Modeprominenz und ihrem Fußvolk angesagt ist, auch hängt es teilweise vom Wochentag ab, wo man hingeht. Ganze Stadtviertel können plötzlich »in« oder wieder »out« sein. Beliebt sind Events und Motto-Abende, die von Gast-DJs oder professionellen Partyorganisatoren an wechselnden, gern ausgefallenen Locations gestaltet werden. Der schickere, dem Besucher weniger zugängliche Teil der Pariser Szene spielt sich in Clubs und Hotelbars ab. Insgesamt ist das Pariser Nachtleben eher harmlos, dafür sehr teuer, wenn nicht unerschwinglich. Infos im Internet: www.parissi.com, www.parispubs.com, parisvoice.com.

Die Pariser Nacht beginnt in Bars und Szenelokalen, in denen man ein Glas mit Freunden trinkt – erst weit nach Mitternacht füllen sich die Diskotheken; dort wird mindestens Freitag und Samstag Eintritt verlangt (ca. € 15–20). Viertel, in denen man ausgeht, sind Saint-Germain, Bastille, Hallenviertel und Marais.

Bars und Szenelokale

Barrio Latino ➜ N18
46–48, rue du Fbg. St-Antoine (11e)
Métro Bastille
✆ 01 55 78 84 75
www.buddhabar.com
Tägl. 12–2 Uhr
Das riesige Szenerestaurant nahe der Place de la Bastille beeindruckt durch Höhe und Ausmaße (3000 m²). Mehrere Galerien (eine nur für VIPs) umrunden den grandiosen Raum mit showreifer Treppe. Um hier zu essen, ist das Licht etwas düster; schöner, um das pompöse Ambiente zu bestaunen, ist ein Cocktail an der Bar.

Buddha Bar ➜ J9
8, rue Boissy d'Anglas (8e)
Métro Concorde
✆ 01 53 05 90 00
www.buddhabar.com
Mo–Fr 12–15 und 19–2, Sa/So 19–2 Uhr
Großes Szene-Restaurant nahe der Place de la Concorde, mit stimmungsvollem Dämmerlicht und einem riesigen, bronzenen Buddha. Die fernöstlich-kalifornisch inspirierte Küche lockt Models, Designer, Jetset und deren Anhang.

Café Charbon ➜ J19
109, rue Oberkampf (11e)
Métro Parmentier
✆ 01 43 57 55 13
Tägl. bis 2, Fr/Sa bis 4 Uhr
Das Lokal mit der Patina von hundert Jahren Rauch, mit Kachelboden und dekorativen Regaleinbauten über der Bar hat es schon in mehrere Bildbände und Filme geschafft. Das Café mit junger, fast alternativer Atmosphäre, wie man sie eher aus Amsterdam kennt, ist so angesagt, dass in der Rue Oberkampf viele weitere Lokale eröffneten.

Le Comptoir Paris-Marrakech ➜ K13
37, rue Berger (1er)
Métro Châtelet-Les Halles
So–Do 12–2, Fr/Sa 12–3 Uhr
Das Szenecafé mögen Models und Filmleute. Von der Terrasse Blick auf die Kirche Saint-Eustache und die Grünanlage über dem Einkaufszentrum Forum des Halles. Menükarte und Interieur sind marokkanisch inspiriert.

Nightlife

Eingang zu einem der größten Museen der Welt – die Louvre-Pyramide

Kong ➡ L13
1, rue du Pont-Neuf (1er)
Métro Pont-Neuf oder Châtelet
www.kong.fr
Tägl. 10.30–2 Uhr
Schickes Dachrestaurant und Bar unter einer Glaskuppel, dessen Ausstattung von Philippe Starck stammt. Die Küche hält nach ehrgeizigen Anfängen nicht immer ihren Ansprüchen stand. Empfehlenswert daher nur wegen der Lage und der Aussicht – am besten mittags auf einen Salat oder abends auf einen Drink.

Les Etages Saint-Germain ➡ M12
5, rue de Buci (6e)
Métro Odéon
Tägl. 11–2 Uhr
Ein ehemaliger Meeresfrüchteladen in einem Eckhaus in Saint-Germain wurde von jungen Leuten zur Bar umfunktioniert. Auf mehreren Etagen(!) lässige Atmosphäre und junge Gäste. Ableger im Marais in der Rue Vieille-du-Temple.

Fumoir ➡ L13
6, rue de l'Amiral-de-Coligny (1er)
Métro Louvre
✆ 01 42 92 00 24
www.lefumoir.com
Tägl. 11–2 Uhr
Mit Blick auf den Louvre sitzt man hier in gemütlichen Ledersesseln oder im hinteren, als Bibliothek eingerichteten Raum. Mit den schlammbraunen Wänden und der Bar scheint das Lokal einem Bild von Hopper entsprungen.

Lizard Lounge ➡ L15
18, rue du Bourg-Tibourg (4e)
Métro Hôtel de Ville
✆ 01 42 72 81 07
www.cheapblonde.com
Tägl. 12–2 Uhr, Sa/So Brunch
Sehr belebte Bar in einem hohen Raum mit Galerie, viele Biersorten und Longdrinks, für Pariser Verhältnisse relativ preiswert, animierte Stimmung.

Montana ➡ M11
28, rue Saint-Benoit (6e)
Métro Saint-Germain-des-Prés
✆ 01 44 39 71 00, tägl. bis 2 Uhr
Schmale Bar in edlem Schwarz direkt neben dem Café de Flore und in derselben Straße wie ein paar bekannte Pariser Jazzclubs.

Jazzclubs

Caveau de la Huchette ➡ N14
5, rue de la Huchette (5e)
Métro Saint-Michel

Erleben & Genießen

☏ 01 43 26 65 05
www.caveaudelahuchette.fr
Verräucherter Jazzkeller im Studentenviertel, der in Filmen aus den 1950er-Jahren häufig zu sehen war. Seither hat sich wenig geändert. Rock 'n' Roll, Traditional Jazz, Swing.

New Morning ➔ G15
7–9, rue des Petites-Ecuries (10e)
Métro Château-d'Eau
☏ 01 45 23 51 41
www.newmorning.com
Im bekanntesten und größten (450 Plätze) Pariser Jazzclub sind internationale Stars zu Gast. Jazz-Institution.

Sunset Sunside ➔ L14
60, rue des Lombards (1er)
Métro Châtelet
☏ 01 40 26 46 60
www.sunset-sunside.com
Kleiner Jazzkeller mit vielen Aficionados, die den Musikern andächtig ihre Aufmerksamkeit widmen. Jazz-Vocal, Latin-Jazz, Newcomer und international bekannte Jazz-Ensembles.

Die Gassen von Montmartre: Empfehlenswert ist ein Spaziergang bei Nacht

Diskotheken

Les Bains ➔ K15
7, rue du Bourg-l'Abbé (3e)
Métro Étienne-Marcel
www.lesbainsdouches.net
Tägl. ab 23.30 Uhr
Schickes Publikum, Pariser Jetset und Models, streng filternde Türsteher: Das ehemalige türkische Bad ist der Dauerbrenner unter den Pariser Diskotheken.

Le Balajo ➔ M18
9, rue de Lappe (11e)
Métro Bastille, www.balajo.fr
Mi/Do ab 22, Fr/Sa ab 23.30 Uhr
Legendärer Tanzclub im originalen, leicht kitschigen 1930er-Jahre-Dekor, heute Diskothek, von 50er-Jahre über Salsa bis Disco.

Batofar ➔ aD4
11, quai François Mauriac (13e)
Métro Quai de la Gare
www.batofar.org
Tägl. ab 23 Uhr
Nightspot auf dem Wasser: Das rote, 1965 ausrangierte Feuerlöschschiff ankert vor der Nationalbibliothek. DJs aus aller Welt oder Livemusik. Mit Bar, Restaurant, Multimedia, Ausstellungen.

Chapelle des Lombards ➔ M18
19, rue de Lappe (11e)
Métro Bastille
Do–Sa ab 23 Uhr
Lateinamerikanische Rhythmen und animierte Stimmung bis in die Morgenstunden, das multikulturelle Publikum schwooft sich in Schweiß.

Divan du Monde ➔ D12
75, rue des Martyrs (18e)
Métro Pigalle
www.divandumonde.com
Tägl. ab 20.30, Club ab 23.30 Uhr
Musikclub am Montmartre, nahe der Place Pigalle, mit Livemusik von World bis Rock, danach Disco, Hip-Hop oder Samba – Tanzen steht hier im Mittelpunkt. ■

Kultur und Unterhaltung: Tickets, Theater, Konzert, Oper, Ballett, Revue, Kino

Um die 150 Theater gibt es in der Weltstadt Paris, von der Comédie Française, dem großen Staatstheater, über freie Bühnen bis zu Boulevardtheatern. Für einen Theaterbesuch sind Französischkenntnisse Voraussetzung (originalsprachliche Aufführungen gibt es kaum) – es sei denn, die Atmosphäre oder der Auftritt bekannter Schauspieler genügt einem. Oper, Ballett und Konzerte – auch ohne Französisch ein Erlebnis – locken ebenfalls mit internatoionalen Stars und hochkarätigen Gastspielen.

Paris ist zudem ein Paradies für Cineasten: Programmkinos und Cinémathèque française, Filme in der Originalsprache, Matinée- und Nachtvorstellungen und ein riesiges Programmangebot von kommerziell erfolgreichen Blockbustern über Hollywoodklassiker bis zu Filmen aus der Dritten Welt und Autorenkino lassen keinen Wunsch unerfüllt. VO heißt Originalversion, VF ist die französisch synchronisierte Fassung.

Tickets

In der Regel haben die Kassen der Theater, Opernhäuser oder Konzertsäle 10–17 Uhr geöffnet. Vorverkaufsstellen gibt es auch in den großen Kaufhäusern und den FNAC-Läden. An der Madeleine befindet sich ein Kiosk, an dem Karten für Vorstellungen desselben Tages billiger verkauft werden.

Bei herausragenden kulturellen Events, egal ob Oper, Theater oder Konzert, empfiehlt sich unbedingt eine Reservierung langfristig vorab, etwa per Internet. Fast alle Theater haben eigene Websites. Die jeweils angegeben sind, daneben gibt es Agenturen wie www.globaltickets.com.

Die wöchentlich erscheinenden Veranstaltungskalender *Pariscope* und *L'Officiel des Spectacles* verzeichnen Kino-, Theater-, Konzertprogramme, Ausstellungen und Öffnungszeiten.

Theater

Comédie Française ➡ K12
Place Colette (1er)
Métro Palais-Royal
☏ 0825-101680 (gebührenpflichtig)
www.comedie-francaise.fr
Das Nationaltheater Frankreichs – im Repertoire vor allem Klassiker von Molière, Corneille, Racine, Marivaux bis Nerval. Zweite Bühne ist das kleine Théâtre du Vieux Colombier mit 330 Plätzen (21, rue du Vieux Colombier, 6e, Métro Saint-Sulpice).

Théâtre de la Ville ➡ L14
2, place du Châtelet (4e)
Métro Châtelet
☏ 01 42 74 22 77
www.theatredelaville-paris.com
Zeitgenössisches Tanztheater, internationale Gastchoreographen.

Odéon – Théâtre de l'Europe
➡ O12
Place Paul-Claudel (6e)
Métro Odéon
☏ 01 44 85 40 40
www.theatre-odeon.fr
Gastspiele europäischer Häuser mit anspruchsvollen, modernen und klassischen Theaterproduktionen (oft in Originalsprache).

Konzert

La Cigale ➡ E13
120, bd. Rochechouart (18e)

Erleben & Genießen

Métro Pigalle
☎ 01 49 25 89 99
Rockkonzerte, Worldmusic und Brit-Pop in einem ehemaligen Vaudeville-Theater.

Olympia ➜ H10
28, bd. des Capucines (9e)
Métro Opéra oder Madeleine
☎ 08 92-68 33 68 (gebührenpflichtig), www.olympiahall.com
Für französische Chansonniers und Popgrößen gilt ein Auftritt hier als das i-Tüpfelchen ihrer Karriere.

Dicke Teppiche, Plüschsessel und goldene Stuckaturen: Wo ist ein Abendkleid angemessener als in der Opéra Garnier?

Zénith ➜ aC4
211, av. Jean-Jaurès (19e)
Métro Porte de Pantin
www.le-zenith.com
Zelthalle mit 6400 Plätzen für große Rock- und Popkonzerte im Parc de la Villette.

Élysée Montmartre ➜ D13
72, bd. Rochechouart (18e)
Métro Anvers
☎ 01 44 92 45 45
www.elyseemontmartre.com
Rap- und Reggae, Rock 'n' Roll, House, Latino in ehemaligem Vaudeville-Theater bzw. Boxkampfarena, das auch als Dancefloor fungiert.

Oper, Ballett

Théâtre musical de Paris ➜ L14
Place du Châtelet (4e)
Métro Châtelet
☎ 01 40 28 28 40
www.chatelet-theatre.com
Hochrangige Inszenierungen zeitgenössischer Opern, Konzerte und Tanztheater in einem (städtischen) Theater in Konkurrenz zur (staatlichen) Oper. Gastspiele, kein eigenes Ensemble.

Opéra Garnier ➜ G11
Place de l'Opéra (9e)
Métro Opéra
☎ 08 92-89 90 90 (gebührenpflichtig), aus dem Ausland +33-1-72 29 35 35
www.operadeparis.fr
Ballett und Opern-Aufführungen in prächtigem Dekor.

Théâtre des Champs-Élysées
➜ J6
15, av. Montaigne (8e)
Métro Alma-Marceau
☎ 01 49 52 50 50
www.theatrechampselysees.fr
International renommierte Orchester und Solisten, zum Teil Opernaufführungen, Kammermusik.

Kultur und Unterhaltung

Opéra de la Bastille ➜ N18
Place de la Bastille (11ᵉ)
Métro Bastille
✆ 08 92-89 90 90 (gebührenpflichtig), aus dem Ausland + 33-1-72 29 35 35
www.operadeparis.fr
Große Opern, Konzerte, aufwendige Technik (Bühne, Kulissen, Aufnahmestudio etc.), hervorragende Akustik, 2700 Plätze.

Revue

Lido ➜ G5/6
116, av. des Champs-Élysées (8ᵉ)
Métro Georges-V
✆ 01 40 76 56 10, www.lido.fr
Klassisches Revuetheater im großen Varieté an den Champs-Élysées.

Moulin Rouge ➜ D11
82, bd. de Clichy (18ᵉ)
Métro Blanche
✆ 01 53 09 82 82
www.moulin-rouge.com
Im berühmtesten Varieté der Welt wurde der Cancan erfunden; die roten Flügel der Mühle sind Wahrzeichen des Pariser Rotlichtviertels Pigalle und Kulisse vieler Filme.

Crazy Horse ➜ J6
12, av. Georges-V (8ᵉ)
Métro Alma-Marceau
✆ 01 47 23 32 32
www.crazy-horse.fr
Die nackten Tänzerinnen werden von Lichttechnik so raffiniert eingehüllt, dass sie fast angezogen wirken.

Paradis Latin ➜ O15
28, rue du Cardinal-Lemoine (5ᵉ)
Métro Cardinal-Lemoine
✆ 01 43 25 28 28
www.paradis-latin.com
Di geschl.
Einfallsreich choreographierte Revue in einem schönen, alten Theater im Quartier Latin.

Montmartres berühmtes Wahrzeichen: das Moulin Rouge

Kino

Cinémathèque ➜ aD4
51, rue de Bercy (12ᵉ)
Métro Bercy
www.cinematheque.fr
Mo, Mi–Sa 12–19, Do bis 22, So 10–20 Uhr
Die 1936 von Henri Langlois gegründete Cinémathèque im Parc de Bercy zeigt Ausstellungen sowie Filmretrospektiven und thematische Reihen.

Géode ➜ aC4
26, av. Corentin-Cariou (19ᵉ)
Métro Porte de la Villette
www.lageode.fr
Tägl. außer Mo 10–21.30 Uhr
In der glitzernden Kugel des Hemisphärenkinos mit einer 1000 Quadratmeter großen Leinwand taucht man direkt ins Filmgeschehen ein (im Parc de la Villette).

Le Grand Rex ➜ H14
1, bd. Poissonnière (2ᵉ)
Métro Bonne Nouvelle
www.legrandrex.com
Art-déco-Kino mit großer Leinwand (2600 Plätze). Das größte Kino Europas zeigt vor allem internationale Kassenschlager. Kulissen und Technik können besichtigt werden (Dauer des Rundgangs ca. 45 Min., Mi–So 11–17 Uhr). ■

Erleben & Genießen

Shopping: Kaufhäuser, Kulinarisches, Mode, Kosmetik, Souvenirs, Antiquitäten, Flohmärkte

Paris ist ein Einkaufsparadies – jedenfalls, wenn man die Preisschilder einfach ignoriert. Neben Wein, Champagner und teuren Düften ist die Haute Couture Frankreichs wichtigster Exportschlager. Paris ist noch immer die Modehauptstadt der Welt, auch wenn inzwischen immer häufiger britische, belgische oder japanische Designer für die Modelinien der großen Luxushäuser verantwortlich sind. Chanel, Dior, Hermès: Rund um die Champs-Élysées, in der Avenue Montaigne, Avenue Georges-V, Rue François-Ier und Rue du Faubourg Saint-Honoré, reihen sich die klangvollen Namen der Haute Couture fast vollzählig aneinander.

Auch rund um die Place des Victoires und die Rue Etienne Marcel haben sich Modedesigner angesiedelt. Viele Modelabels haben zudem Boutiquen im Viertel rund um die Métrostation Sèvres-Babylone in Saint-Germain-des-Prés eröffnet. In den benachbarten Straßen Rue du Cherche-Midi, Rue de Sèvres, Rue des Saints-Pères und Rue du Vieux Colombier findet man Mode von Agnès B. bis Sonia Rykiel.

Preiswerte und modische Jeans- und Sportswear, Dessous, Modeschmuck und Accessoires bekommt man im Quartier Latin am Boulevard Saint-Michel und im Hallenviertel rund um die Rue Saint-Denis.

Für Feinschmecker und Hobbyköche bietet Paris Gelegenheit, sich mit französischen Delikatessen und Lebensmitteln aus aller Welt zu versorgen. Absolute Topadressen sind die Feinkostgeschäfte Hédiard und Fauchon an der Madeleine. Die Lebensmittelabteilung des Kaufhauses Bon Marché und die vielen Spezialgeschäfte für Pralinen und Schokolade, Käse, Senf, Olivenöl, Gänseleber, Kaviar oder exotische Gewürze sind eine einzige Versuchung.

Antiquitäten findet der Sammler im Village Saint-Paul im Marais, im Louvre des Antiquaires am Palais-Royal sowie in der Rue Jacob und ihren Nebenstraßen in Saint-Germain-des-Prés, mit etwas Glück auch auf dem Flohmarkt an der Porte de Clignancourt.

Kaufhäuser

Galeries Lafayette ➔ G11
40, bd. Haussmann (9e)
Métro Chaussée-d'Antin
www.galerieslafayette.com
Mo–Sa 9.30–19.30, Do bis 21 Uhr
Große Parfümerieabteilung, hochwertige Mode, Dessous und Accessoires. Küchen, Wohn-, Geschirrabteilung im Gebäude gegenüber.

Au Printemps ➔ G10
64, bd. Haussmann (9e)
Métro Havre-Caumartin
www.printemps.fr
Mo–Sa 9.30–19, Do bis 22 Uhr
Alle großen Marken sind in der Modeabteilung vertreten, das Restaurant im obersten Stockwerk besitzt eine farbige Belle-Époque-Glaskuppel.

Kulinarisches

Debauve & Gallais ➔ M11
30, rue des Saints-Pères (7e)
Métro Saint-Germain-des-Prés
www.debauve-et-gallais.com
Mo–Sa 9.30–19 Uhr

Schokolade und Bonbons des einstigen Hoflieferanten haben schon Proust und Balzac begeistert.

Hédiard ➡ H10
21, place de la Madeleine (8e)
Métro Madeleine
www.hediard.fr
Seit 1894 *der* Delikatessenladen von Paris, ein Mekka für Schlemmer. Mit Fauchon, gleich gegenüber, Spitzenreiter unter den Pariser Feinkostläden.

Mariage Frères ➡ L15
30, rue du Bourg-Tibourg (4e)
Métro Hôtel de Ville
www.mariage-freres.fr
Mehr als 500 Sorten Tee in Kolonialwarenambiente, Salon de thé und kleines Teemuseum.

Mode und Accessoires

Antoine et Lili ➡ N12
87, rue de Seine (6e)
Métro Odéon
Poppiger Szeneladen mit Vorliebe für schrille und freche, preisgünstige Mode. Teils wird die eigene Marke vertrieben, teils andere junge Designer.

Barbara Bui ➡ K14
Rue Etienne-Marcel (2e)
Métro Etienne-Marcel
www.barbarabui.com
Puristische Business-Mode aus feinen Stoffen, Schuhe, Accessoires, oft in dunklen, gedeckten Farben. Preiswertere Zweitkollektion.

Jean Paul Gaultier ➡ J12
Galerie Vivienne (2e)
Métro Bourse
www.jeanpaul-gaultier.com
Die Fülle seiner Einfälle trug JPG den Ruf eines genialischen Alleskönners ein. Seine Entwürfe changieren zwischen (ironischer) Respektlosigkeit und klassischer Eleganz.

Das renommierte Kaufhaus »Les Galeries Lafayette« am Boulevard Haussmann

Hermès ➡ H9
24, rue du Faubourg-Saint-Honoré (8e), Métro Madeleine
www.hermes.com
Feinstes Leder für Handtaschen, Portemonnaies und Gürtel in klassischem Schick.

Kenzo ➡ L13
1, rue du Pont Neuf (1er)
Métro Pont Neuf, www.kenzo.com
Stets neue Farbkombinationen und Einflüsse aus aller Welt werden ganz unfolkloristisch kombiniert.

Sonia Rykiel ➡ M11
179, bd. Saint-Germain-des-Prés (6e)
Métro Saint-Germain-des-Prés
www.soniarykiel.com
Über 40 Jahre im Modebusiness: die Altmeisterin der edlen Strickmode (Herrenmode gegenüber, Nr. 194).

Erleben & Genießen

Parfüm und Kosmetik

Annick Goutal ➜ J10
14, rue de Castiglione (1er)
Métro Tuileries
www.annickgoutal.com
Eau d'Hadrien, Eau de Charlotte, Eau du Ciel und andere Parfüms.

Shiseido ➜ J12
142, galerie de Valois (1er)
Métro Palais-Royal
www.salons-shiseido.com
Japanische Düfte und Kosmetik in trendig-düsterem Laden im Palais-Royal im Stil einer Parfümerie aus dem 19. Jh.

Shu Uemura ➜ M11
176, bd. Saint-Germain (6e)
Métro Saint-Germain-des-Prés
Japanische Kosmetikserie in edel-einfacher Umgebung und ebenso schönen schlichten Behältnissen.

Souvenirs und Geschenke

Colette ➜ J11
213, rue Saint-Honoré (1er)
Métro Tuileries
www.colette.fr
Der Concept-Store wählt aus Trend-Labels das aus, was gerade angesagt ist: Wohnzubehör, Designobjekte, CDs, Mode, Schuhe, Kosmetik. Mal gibt es eine Nail-Bar, mal arbeitet eine Floristin.

E. Dehillerin ➜ K13
18, rue Coquillère (1er)
Métro Les Halles

In der Einkaufspassage Galérie Vivienne unterhält Jean Paul Gaultier eine Boutique

Shopping

»Puces de Saint-Ouen« an der Porte de Clignancourt: der größte und berühmteste unter den Pariser Flohmärkten

www.e-dehillerin.fr
Altmodisch, aber einer der bestsortierten Küchenläden Frankreichs, wenn nicht Europas. Das Sortiment reicht vom Wiegemesser bis zum Kochtopf für Hundertschaften.

Papier Plus ➜ M15
9, rue du Pont-Louis-Philippe (4e)
Métro Saint-Paul, Pont-Marie
www.papierplus.com
Edles Schreibzubehör, Papiere und Karton in allen Farben und Stärken, Stifte, Notiz-, Adress-, Tagebücher und Kalendarien. Gegenüber: Calligrane mit ähnlichem Sortiment.

Antiquitäten

Louvre des Antiquaires ➜ K12
2, place du Palais Royal (1er)
Métro Palais-Royal
www.louvre-antiquaires.com
Etwa 250 Händler unter einem Dach, die sorgfältig restaurierte Kunstschätze zu hohen Preisen anbieten.

Village Saint-Paul ➜ M16/17
Rue Saint-Paul (4e)
Métro Saint-Paul
Do–Mo 11–18 Uhr
In Hinterhöfen versteckte Trödel- und Antiquitätenläden (ca. 40 Händler) im Marais laden zum Stöbern ein.

Flohmärkte

Marché aux Puces de Saint-Ouen ➜ aC4
Métro Porte de Clignancourt oder Garibaldi
www.les-puces.com
www.parispuces.com
Sa–Mo 9.30–18 Uhr
Einer der größten Flohmärkte der Welt. Mit rund 2500 Händlern und Besucherzahlen zwischen 200 000 und 300 000 am Wochenende.

Marché aux Puces de Vanves ➜ aD3
Av. Georges Lafenestre, Rue Marc Sangnier (14e)
Métro Porte de Vanves
pucesdevanves.typepad.com
Sa/So 9–14 Uhr
Ein echter Flohmarkt, allerdings sind auch hier viele Händler unter den Verkäufern. Es empfiehlt sich, vormittags zu kommen. ∎

Erleben & Genießen

Mit Kindern in der Stadt

Eine Weltstadt wie Paris ist für und mit Kindern ziemlich anstrengend. Aber wenn Sie Ihren neugierigen Kids (ab ca. 8 Jahre) das Erlebnis Paris einmal bieten wollen, hier ein paar Tipps, mit denen der Familienurlaub in der Großstadt trotzdem zum Kinderspiel wird: Ein nicht zu toppendes Highlight in jeder Hinsicht sind natürlich **Disneyland Paris** und der Klassiker ❹ **Eiffelturm** ➔ L4. Für sommerliches Wetter gibt es neben den vielen **Parks** (zum Teil mit Karussells, Modellsegelbootverleih, Spielplätzen, Ponyreiten) auch noch den **Botanischen Garten**, in dem die schönen Gewächshäuser, ein kleines Labyrinth und das **Muséum National d'Histoire Naturelle** mit ausgestopften Tieren und Walfischskeletten für gute Stimmung sorgen.

Für Regenwetter gibt es viele weitere interessante Museen: das **Wachsfigurenkabinett** im **Musée Grévin**, die **Cité des Sciences et de l'Industrie**, in der man die Welt der Technik und Wissenschaft auf spielerische Weise entdecken kann, die **Cité de la Musique** mit Instrumenten und Klangproben auf Kassette, das **Musée du Quai Branly** mit Kunst aus fünf Kontinenten. In einigen werden deutsch besprochene Kassetten und Kopfhörer verliehen. Für etwas größere Kinder schön gruselig: die Knochen und Schädel in den **Katakomben**. Ein flaues Gefühl im Magen machen auch manche effektvollen Filme auf der halbkugelförmigen Leinwand der **Géode**. Und zum Essen geht es ins **Chartier** oder **Polidor**: Man isst auch mit der ganzen Familie noch preiswert, ohne langes Zeremoniell und trotz der Touristen in echt französischem Ambiente.

Cité des Sciences et de l'Industrie ➔ aC4
30, av. Corentin-Cariou (19e)
Métro Porte de la Villette
✆ 01 40 05 70 00
www.cite-sciences.fr
Museum Di–Sa 10–18, So 10–19 Uhr, Eintritt € 8/6, diverse Kombitickets mit **Géode,** Argonaute etc.
Die vielen interaktiven Spiele des nach Themen geordnete Wissenschaftsmuseum beherbergt u.a. ein Unterseeboot und der Flugsimulator Cinaxe.

Cité de la Musique ➔ aC4
221, av. Jean-Jaurès (19e)
Métro Porte de Pantin
✆ 01 44 84 45 00
www.cite-musique.fr
Di–Sa 12–18, So 10–18 Uhr
Eintritt Museum € 8/6,40
Das Musikmuseum kann man mit Kopfhörer auf einem *parcours sonore,* einem akustischen Rundgang, erkunden.

Disneyland Resort Paris ➔ aD8
77777 Marne-la-Vallée
✆ 0825-30 02 22
www.disneylandparis.com
Ganzjährig tägl. mindestens 10–18 Uhr
Eintritt für beide Parks an einem Tag € 53/45, 1 Tag, 2 Parks € 67/57, 2 Tage, 2 Parks € 118/99
Über 50 Attraktionen warten in den beiden Themenparks Walt Disney Studio Parks und Disneyland Park.

❹ **Eiffelturm** ➔ L4
Champ de Mars (7e)
Métro Bir-Hakeim, Trocadéro
✆ 01 44 11 23 23, www.tour-eiffel.fr
Tägl. 9.30–23.45, Mitte Juni–Aug. 9–0.45 Uhr, Eintritt € 4,50 (Treppe), € 8 (Fahrstuhl zur 2. Plattform), € 13 (3. Plattform), ermäßigt € 3,50/6,40/9,90
Drei Plattformen – in 57, 115 und 274 m Höhe – kann man erklimmen, ein Abenteuer für Kinder. Von der obersten Aussichtster-

rasse bietet sich bei klarer Sicht eine grandioses Panorama.

Katakomben ➡ aD4
1, av. Colonel Henri Rol-Tanguy (14e)
Métro Denfert-Rochereau
✆ 01 43 22 47 63
www.catacombes-de-paris.fr
Tägl. außer Mo 10–17 Uhr
Eintritt € 8/6
Skelette von mehr als 6 Mio. Menschen wurden unterirdisch in ehemaligen Steinbrüchen aufgestapelt – fein säuberlich sind die Knochen nach Körperteilen sortiert.

Musée Grévin ➡ G13
10, bd. Montmartre (9e)
Métro Grands Boulevards
✆ 01 47 70 85 05, www.grevin.com
Mo–Fr 10–18.30, Sa/So 10–19 Uhr,
Eintritt € 19,50/16,50
Rund 500 Wachsfiguren: Personen aus Geschichte und Gegenwart, Film und Medien.

Musée du Quai Branly ➡ K5
37, quai Branly (7e)
Métro Alma-Marceau, Iéna
✆ 01 56 61 70 00, www.quaibranly.fr
Di/Mi und So 11–19, Do–Sa 11–21 Uhr, Eintritt € 8,50/6
Rund 3500 Skulpturen, Masken, Schmuckstücke, Textilien, Keramiken und Instrumente.

Jardin des Plantes ➡ O/P15–17
Zwischen Rue Cuvier, Rue Buffon, Rue Geoffroy-Saint-Hilaire und Place Valhubert (5e)
Métro Gare d'Austerlitz, Jussieu
✆ 01 40 79 56 01
Tägl. 7.30–20 Uhr, Eintritt frei
Zu dem botanischen Garten gehören schöne alte Glasgewächshäuser aus dem frühen 19. Jh., ein kleines Labyrinth, eine Menagerie und das Museum für Naturgeschichte.

Muséum National d'Histoire Naturelle ➡ P16
36, rue Geoffroy Saint Hillaire (5e)
Métro Gare d'Austerlitz
✆ 01 40 79 56 01, www.mnhn.fr
Mi–Mo 10–18 Uhr, Eintritt € 9/7
Im Museum für Naturgeschichte im Jardin des Plantes werden ausgestopfte Tiere und ein Walfischskelett präsentiert. In der **Grande Galerie** wird die Evolution als Arche-Noah-Spektakel mit Ton- und Lichteffekten in Szene.

Chartier ➡ G13
7, rue du Fbg.-Montmartre (9e)
Métro Grands Boulevards
www.restaurant-chartier.com
Tägl. 11.30–14.30 und 18–21.30 Uhr, keine Reservierung

Polidor ➡ N13
41, rue Monsieur-le-Prince (6e)
Métro Odéon
✆ 01 43 26 95 34, www.polidor.com
Tägl. 12–14.30 und 19–0.30, So nur bis 23 Uhr

Karussell fahren im Jardin du Luxembourg

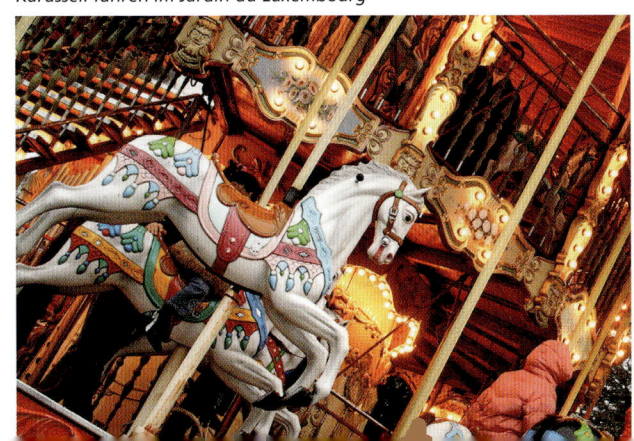

Erleben & Genießen

Erholung und Sport: Parks, Radfahren, Inliner

Paris ist als Metropole kein Ort, der zum Sport unweigerlich herausfordert, doch auch hier gibt es grüne Oasen und geeignete Strecken zum Joggen und Radfahren. Viele Jogger bevorzugen Bois de Boulogne und Bois de Vincennes, die beiden Stadtwälder, wegen der Größe, beliebt sind aber auch die kleinen, zentraler gelegenen Parks wie der Parc des Buttes-Chaumont (19e) und Parc Montsouris (14e), weil das Bergauf, Bergab über die (künstlich angelegten) Hügel eine echte Herausforderung für Beine und Lungen darstellt.

Wellness in luxuriösen Day-Spas ist angesagt, aber auch ausgesprochen teuer – ein echtes Erlebnis ist das Dampfbad an der Pariser Moschee. Ungeheuren Aufschwung erfährt derzeit das Radfahren und der Freitagabend gehört den Inlinern.

Parks

⑩ Jardin du Luxembourg
➡ O/P11–13

(6e), Métro Luxembourg
Bei schönem Wetter sind alle grünen Metallstühle belegt: Man liest, flirtet, legt die Füße in der Mittagspause hoch oder erfreut sich der ersten Sonnenstrahlen. Der Jardin du Luxembourg gehört zu den beliebtesten Pariser Parks. Mit den Wasserbassins, den vielen Statuen und den buchsbaumgefassten Blumenrabatten wirkt er sehr französisch. Dabei vereint der Jardin mehrere Stilrichtungen: neben abgezirkelten Rasenflächen und bepflanzten Beeten in geometrischer Strenge gibt es auch lockere Baumgruppen und Parkterrassen im Stil eines englischen Landschaftsparks. Zum typisch französischen Flair tragen aber wohl am meisten die klassischen Zutaten bei: Weder fehlt der Bouleplatz noch der überdachte Musikpavillon fürs Platzkonzert. Auf den schattigen Bänken der dem Boul' Mich' zugewandten Terrasse sitzen in Bücher versunkene Studenten des Quartier Latin, nahe der Orangerie treffen sich alte Herren zum Schachspiel. Karussell und Modellsegelbootverleih am Bassin sind von adrett gekleideten Kinderscharen umlagert, Jogger mit Stöpseln im Ohr drehen ihre Runden.

Das Palais du Luxembourg wurde zu Beginn des 17. Jh. für Maria von Medici, Witwe Heinrichs IV., erbaut und dient heute als Sitz des Senats sowie für Wechselausstellungen. Die Fontaine de Médicis, ein Barockbrunnen im Stil italienischer Grotten, liegt etwas versteckt im Schatten großer Bäume und stammt von Salomon de Brosse.

Herbstliche Impression im Jardin du Luxembourg

Jardin des Plantes ➡ O/P15–17
Zwischen Rue Cuvier, Rue Buffon, Rue Geoffroy-Saint-Hilaire und Place Valhubert (5e)
Métro Gare d'Austerlitz, Jussieu
✆ 01 40 79 56 01
Tägl. 7.30–20 Uhr, Eintritt frei
Der Jardin des Plantes wurde im 17. Jh. unter Ludwig XIII.

Erholung und Sport

auf Anregung seiner Leibärzte als königlicher Kräutergarten für Heilpflanzen angelegt und schon 1640 für die Öffentlichkeit freigegeben. Zum botanischen Garten gehören schöne alte Glasgewächshäuser aus dem frühen 19. Jh., ein kleines Labyrinth, eine Menagerie und das Museum für Naturgeschichte mit der großartigen Grande Galerie. Alte Bäume, Alleen und farbenprächtige Blumenanlagen, darunter ein Rosarium und ein Irisbeet, sind im Frühjahr, Sommer und Herbst eine echte Augenweide.

Jardin des Tuileries ➡ J/K10/11
(1er), Métro Tuileries und Concorde

André Le Nôtre, der auch die Gartenanlage in Versailles schuf, gestaltete den Tuileriengarten in der zweiten Hälfte des 17. Jh. zu einem symmetrischen französischen Park mit Mittelachse, Wasserbassins und zwei äußeren Terrassen. Skulpturenliebhaber finden hier wie in einem Freilichtmuseum zahlreiche Statuen, darunter Werke von Aristide Maillol, Auguste Rodin, Sandro Chia. Generationen von Pariser Kindern haben schon im Wasserbassin die bunten Segelboote gleiten lassen, beim Marionettentheater mitgefiebert oder sind mit dem altmodischen Karussell gefahren. Bei Sonne verführen die herumstehenden grünen Metallstühle jeden Paris-Besucher, sein weiteres Besichtigungsprogramm fallen zu lassen.

Jeden Sommer schlägt ein Jahrmarkt mit Riesenrad seine Buden auf der Terrasse des Feuillants der Rue de Rivoli auf. Am Ausgang Richtung Place de la Concorde hat eine kleine Buchhandlung ihr Sortiment ganz auf Garten und Landschaftsgestaltung ausgerichtet.

Parc André Citroën ➡ aD3
Rue Balard/Rue Saint-Charles (15e)
Métro Javel oder Balard

Wo früher Autos gebaut wurden, erfreut heute der 14 ha große Parc André Citroën Anwohner und Besucher. Auf dem ehemaligen Werksgelände am Quai Javel entstand eine ungewöhnliche Grünanlage. Zwei große Glaskuben mit einer Reihe sprudelnder Fontänen davor dienen als Gewächshäuser. Die große rechteckige Rasenfläche, die von Wasserbecken gerahmt wird, umgeben mehrere Themengärten: Der Metamorphosengarten verändert sich im Wechsel der Jahreszeiten, im Garten in Bewegung rascheln Bambus und Blätter. Einige weitere, wie der Schwarze und der Weiße Garten, sind Farben gewidmet, daneben gibt es aber auch wild wachsende Ökowiesen.

Parc de Bercy
Rue de Bercy (12e)
Métro Bercy, Cour Saint-Emilion

Östlich der Gare de Lyon entstand auf dem früheren Gelände der Weinhändler ein schöner Park. Einst wurden hierher nach Bercy, direkt an der Seine, Weinfässer aus ganz Frankreich transportiert. Heute rollt über die Straße, was früher auf dem Wasserweg transportiert wurde.

An der Stelle der alten Lagerhäuser entstanden ein Multiplexkino, die **Cinemathèque Française** in einem Bau von Stararchitekt Frank O. Gehry, die große Mehrzweckhalle **Palais Omnisports** für Sport- und Musikevents. Auf 13 ha des Geländes wurde der Park angelegt, in den restaurierte Lagerhallen und alter Platanenbestand integriert wurden. Am östlichen Ende siedelten sich im »Village de Bercy« Restaurants und Läden an – bei Sonne ein schöner Platz zum Draußensitzen. Eine neue Fußgängerbrücke führt vom Park über die Seine zur Nationalbibliothek und ins Tolbiac-Viertel hinüber.

69

Erleben & Genießen

Radfahren

In der Autostadt Paris gibt es neuerdings einen Radfahrerboom. Seit die Stadt über 20 000 Fahrräder an knapp 1500 Leihstationen in der französischen Hauptstadt postieren ließ, versuchen sich immer mehr Pariser an der für sie ungewohnten Fortbewegungsart.

Die Tarife wurden für kurze Nutzungszeiten konzipiert, den Anbietern, die Fahrräder für längere Zeiträume vermieten, soll keine Konkurrenz gemacht werden. Die Informationen an den Terminalstationen sind auch auf Deutsch verfügbar. Es gibt die Carte Vélib für 1 Jahr € 29 (Grundgebühr), Abonnement Courte Durée (Kurzzeitabo) 1 Tag € 1, 7 Tage € 5. Bei 7-Tage-Abo und Jahreskarte muss eine Kaution von € 150 hinterlegt werden.

Die ersten 30 Minuten jeder Fahrstrecke sind kostenfrei, die erste halbe Stunde danach € 1, die zweite halbe Stunde danach € 2, die dritte € 4. Infos www.velib.paris.fr.

Mit den Leihrädern kann man günstig, umweltschonend und flexibel Paris erkunden – etwa alle 300 m findet sich eine Leihstation. Mit dem 1-Tages- oder 7-Tages-Abo kann man einfach ein Rad losketten und an anderen Stationen wieder anschließen.

Die Terminals an den Fahrradstationen sind erfreulicherweise auch mit deutscher Anleitung bedienbar. Bezahlung per Kreditkarte. Platte oder sonst reparaturbedürftige Räder können direkt ausgetauscht werden. Im Fahrradkorb lässt sich eine Tasche verstauen.

Ruhigere Stadtrandgebiete und Touren zum Bois de Boulogne oder Bois de Vincennes sind angenehm zum Radfahren, ebenso wie die Straßen und Seine-Quais, die sonntags für den Verkehr gesperrt werden. Eine schöne Tour führt entlang dem Canal Saint-Martin und dem Canal de l'Ourcq bis nach La Villette.

Jedes Jahr beliebter werden geführte Stadttouren mit dem Fahrrad. In einer kleinen Gruppe geht es dann durch Seitenstraßen und über Schleichwege zu berühmten Sehenswürdigkeiten oder auf Spurensuche bekannter Persönlichkeiten:

Paris à vélo c'est sympa
22, rue Alphonse Baudin
Métro Richard Lenoir
℡ 01 48 87 60 01
www.parisvelosympa.com
Mo, Mi–Fr 9.30–13, 14–17.30, Sa/So bis 18 Uhr, Di geschl.
Geführte Halbtags- und Abendradtouren mit Rädern. Fahrrad-Verleih, Inliner-Verleih.

Inliner

Immer mehr Pariser und Touristen schnallen sich Inliner, Knie- und Armschützer an, um die Stadt zu erkunden. Beliebte Strecken für Skater sind ebenfalls die sonntags autofreien Seine-Schnellstraßen, entlang dem Viaduc des Arts und natürlich die große Freitagabendsrunde: Friday Night Fever.

Mehrere Tausend Inline-Skater starten gegen 21.45 Uhr zu einer 2–3-Stunden-Rallye durch Paris (Start Gare Montparnasse, wechselnde Streckenführung, Informationen unter www.pari-roller.com und www.rollernet.com). Unerlässlich: man muss gut skaten und bremsen können! Eine Polizeibrigade auf Rollen und Ordner sichern die Strecke (25–30 km). Ein echtes Erlebnis, mit vielen gutgelaunten Gleichgesinnten über die autofreie Rue de Rivoli oder den Boulevard Saint-Germain zu gleiten.

Erholung und Sport

Bäder

Piscine des Halles ➜ K4
Im Forum des Halles (1er)
Métro Châtelet-Les Halles
www.forum-des-halles.com
Unterirdisches modernes Hallenbad mit 50-m-Becken und Glasdach im Forum des Halles.

Piscine de Pontoise ➜ O15
19, rue de Pontoise (5e)
Métro Maubert-Mutualité
www.clubquartierlatin.com/piscine/
Schönes altes Schwimmbad aus den 1930er Jahren, 33-m-Becken. Dazu gehört ein Fitnessclub.

Piscine Josephine Baker ➜ aD4
Quai François Mauriac (13e)
Métro Bibliothèque F. Mitterrand
Neues Schwimmbadboot auf der Seine, direkt vor der neuen Nationalbibliothek.

Wellness

Hamam de la Mosquée ➜ Q15
39, rue Geoffroy Saint-Hilaire (5e)
Métro Censier-Daubenton
Das orientalische Dampfbad der Moschee mit marmornen Schwitzräumen und einem Ruheraum, in dem man sich massieren lassen kann und Pfefferminztee serviert wird.

Wandern

Zwei Wanderwege führen durch Paris, in Ost-West- und in Nord-Süd-Richtung, die der Verein Fédération de Randonnée Pédestre einrichtete. Ein waagerechter gelbroter Doppelbalken an Hauswänden und Laternenpfählen markiert den Weg: 19 km sind es vom Bois de Boulogne zum Bois de Vincennes, 20 km von der Porte de la Villette zum Park Montsouris. Große Straßenachsen werden vermieden, geführt wird der Stadtwanderer durch kleine Nebenstraßen und, so oft wie möglich, Grünflächen und Parks. Über beide Touren, Traversée Nr. 1 und 2, gibt der »Topoguide Paris à Pied« des französischen Wandervereins detailliert Auskunft (nur französisch).

Gleich hinter der Bastille-Oper beginnt die **Promenade plantée**, ein Spazierweg entlang der Avenue Daumesnil, der überraschende Ein- und Ausblicke ermöglicht, denn man geht etwa auf der Höhe der dritten Etage! Ein ehemaliger Bahnviadukt von 1855 wurde begrünt; oben überraschen Pergolen und Spaliere, ein Wasserbassin, mal geht es gar durch ein Haus hindurch. In den hohen Viaduktbögen, die beneidenswerte Ateliers abgeben, sind Handwerker und Kunsthandwerker eingezogen. Am Jardin de Reuilly endet der Viadukt, der Weg öffnet sich zu der kleinen Grünanlage, und lässt sich weiter bis zum Bois de Vincennes verlängern. ■

Im Luxembourg-Garten: Ruhe tanken und den ferngesteuerten Booten zusehen

Chronik

Chronik: Daten zur Stadtgeschichte

Die Keimzelle der heutigen Metropole Paris war ein Dorf auf einer Insel in der Seine, der heutigen Île de la Cité, das ein keltisch-gallischer Stamm, den die Römer Parisii nannten, um 250 v. Chr. gründete. Erst Jahrhunderte später, beginnend mit dem Absolutismus und forciert in der Französischen Revolution machten die Zentralismusbestrebungen Paris zum »Nabel« Frankreichs. Seither konzentrieren sich in der Hauptstadt Geld, Wirtschaft, Macht, Politik und Kultur.

3. Jh. v. Chr.	Auf einer Insel in der Seine, der heutigen Île de la Cité, siedelt ein keltisch-gallischer Stamm.
52 v. Chr.	In »De Bello Gallico« erwähnt Caesar die Ansiedlung unter dem Namen Lutetia. Unter den Römern dehnt sich die Stadt auch auf das linke Seine-Ufer aus.
496	Der Frankenkönig Chlodwig aus dem Geschlecht der Merowinger erobert den Norden des romanisierten Gallien und residiert in Paris. Sein Übertritt zum Christentum legt den Grundstein zur Verschmelzung der fränkischen und gallischen Kultur.
771	Mit dem Aufstieg der Karolinger verlagert sich der Reichsmittelpunkt nach Osten. Karl der Große macht Aachen zur Reichshauptstadt.
987	Nach Jahrhunderten politischer Bedeutungslosigkeit steigt Paris unter Hugo Capet, der in Reims zum König der westlichen Hälfte des Karolingerreichs gekrönt wird, wieder zur Hauptstadt auf.
1180–1228	Unter Philipp August erlebt Paris einen mächtigen Aufschwung. Ein großer Markt wird dort etabliert, wo sich bis in die 1960er-Jahre die Hallen befanden, die erste Stadtmauer wird gebaut, der Louvre befestigt, die Sorbonne begründet.
15. Jh.	Nach dem Hundertjährigen Krieg gegen England verliert Paris an Bedeutung, die Könige ziehen das Loire-Tal vor, in dem prächtige Schlösser erbaut werden.
1527	Erst Franz I. residiert wieder in Paris, wo er u.a. den Bau des Rathauses veranlasst.

Französische Könige aus vier Jahrhunderten (v. o. n. u.): Franz I. (1494–1547) aus dem Hause Valois, der Bourbone Heinrich IV. (1553–1610) und Sonnenkönig Ludwig XIV. (1638–1715)

Daten zur Stadtgeschichte

16. Jh.	Während der blutigen Religionskriege zwischen Katholiken und Hugenotten tritt der Protestant Heinrich IV. zum Katholizismus über. In der Bartholomäusnacht fallen in Paris Tausende von Hugenotten einem Massaker zum Opfer.
1682	Ludwig XIV. verlegt den Hof nach Versailles und lässt das Jagdschloss zum prunkvollsten Schloss Europas ausbauen. Kriege und die aufwendige Hofhaltung führen fast zum Staatsbankrott.
1789	Die Französische Revolution beginnt am 14. Juli mit der Erstürmung des Bastille-Gefängnisses. Adelsprivilegien werden abgeschafft, die Menschenrechte erklärt und Frankreich zur Republik ausgerufen. 1793 stirbt der König unter der Guillotine.
1852–70	Napoleon III. wird zum Kaiser gekrönt. Unter seiner Regie und der seines Präfekten Baron Haussmann erfährt das Pariser Stadtbild die tiefgreifendsten Veränderungen in seiner Geschichte. Städtebaulichen Maßnahmen wie der Anlage der breiten Boulevards fallen ganze gewachsene Viertel zum Opfer.
1889–1900	Für die großen Weltausstellungen 1889 und 1900 werden Eiffelturm und Métro gebaut.

Während des Hundertjährigen Krieges führt sie die Franzosen gegen die Engländer: Jeanne d'Arc auf der Place des Pyramides

Ansicht von Paris auf einem Kupferstich von Georg Braun und Frans Hogenberg (Köln, 1572)

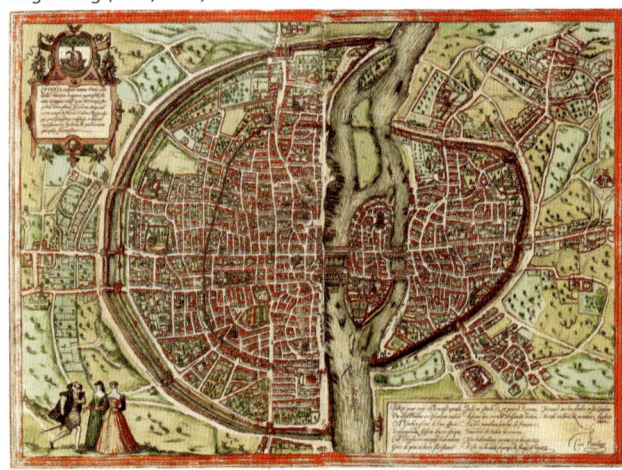

Chronik

Einnahme der Bastille am 14. Juli 1789 (Gemälde von Jean-Pierre Houël)

1914–18 Erster Weltkrieg: 1,4 Millionen Tote und Vermisste, die Zerstörung wichtiger Industrien und hohe materielle Verluste trotz der Reparationszahlungen seitens Deutschlands hinterlassen Frankreich nachhaltig geschwächt, obwohl es zu den Siegermächten des Krieges gehört.

1936–38 In den 30er-Jahren ist die Dritte Republik zunehmend unregierbar; der Zerfall der Regierungsstabilität wird auch durch das Bündnis der republikanischen Kräfte (Sozialisten, Kommunisten, Liberale) nicht verhindert. Die Bemühungen der Volksfront *(Front populaire)* unter Regierungschef Léon Blum um soziale Verbesserungen für die Arbeiter führen zu Kapitalflucht.

1939–44 *Drôle de guerre* (Kriegsposse) nennen die Franzosen den Zweiten Weltkrieg zunächst – über acht Monate verhalten sich die Armeen beider Länder nur abwartend. Am 10. Mai beginnt mit der Westoffensive der Deutschen »le blitzkrieg«: Schon am 14. Juni wird Paris besetzt (sowie ganz Nord- und Westfrankreich). Nach der Niederlage regiert im »unbesetzten« Süden der Kollaborateur Pétain den nur scheinbar freien Vichy-Staat, bis 1942 deutsche Soldaten auch in die »freie Zone« einrücken.

1944 Bei der Befreiung von Paris kämpfen die Résistance und Truppen der Alliierten gemeinsam gegen die Besatzer.

1946–54 Indochinakrieg: Nach der vernichtenden Schlacht bei Dien Bien Phu in Vietnam zieht Frankreich sich aus Südostasien zurück.

1946–58 De Gaulle prägt die französische Nachkriegsgeschichte, doch 25 Regierungen in zwölf Jahren stärken Parlament und Bürokratie. Das französische »Wirtschaftswunder« verhindert das Zerbrechen des inneren Konsenses, doch außenpolitisch versetzen die Kolonialkriege der krisenanfälligen Vierten Republik den Todesstoß.

Daten zur Stadtgeschichte

1954–62	Mehr als zwei Millionen Franzosen kämpfen in Algerien in einem sinnlosen, brutalen Krieg, das zweite koloniale Desaster. 1962 wird das seit 1830 französische Algerien unabhängig.
1958	De Gaulle kehrt an die Macht zurück. Die Verfassung der Fünften Republik garantiert eine starke Exekutive unter einem Staatspräsidenten mit fast monarchischen Rechten, für den es kaum eine parlamentarische Kontrolle gibt.
1968	Mai-Revolte: Studentenunruhen in Paris führen zu Straßenschlachten und Krawallen in ganz Frankreich; andere Bevölkerungsteile schließen sich dem Protest an. Ein Generalstreik legt Frankreich lahm.
1969–73	Nach De Gaulles Rücktritt wird Georges Pompidou sein Nachfolger.
1974–81	Valéry Giscard d'Estaing ist Staatspräsident. Ab 1977 gibt es erstmals seit 1871 wieder einen Bürgermeister in Paris, Jacques Chirac.
1981–95	François Mitterrand, der Kandidat der Sozialisten, gewinnt die Wahl gegen den amtierenden Präsidenten Valerie Giscard d'Estaing. Nach 23 Jahren haben die linken Parteien zum ersten Mal die Mehrheit gegenüber den Konservativen. 1988 Wiederwahl Mitterrands. Der Staatspräsident gibt in Paris monumentale Bauten in Auftrag, darunter die Glaspyramide am Louvre, den Wissenschaftspark in La Villette, die Grande Arche in La Défense, die Bastille-Oper und die neue Nationalbibliothek.
1995	Jacques Chirac, fast zwei Jahrzehnte Bürgermeister von Paris, wird zum Staatspräsidenten gewählt.
2001	Als erster linker Bürgermeister nach jahrzehntelanger konservativer Kommunalpolitik setzt Bertrand Delanoë (PS) neue Akzente im Pariser Rathaus.
2002	Die Konservativen gehen als Sieger aus den Parlamentswahlen hervor, Jacques Chirac wird in seinem Amt als Staatspräsident bestätigt.
2005	EU-Referendum: Die französischen Wähler lehnen die EU-Verfassung ab.
2007	Nicolas Sarkozy wird Staatspräsident.
2009/2010	Eröffnung des Musée de l'Histoire de l'Immigration am Bois de Vincennes und der Cité de la Mode et du Design am Quai d'Austerlitz. ∎

Die zweite Pariser Oper: die gigantische Opéra de la Bastille des Architekten Carlos Ott

Service von A–Z und Sprachführer

Service von A–Z

Paris in Zahlen und Fakten 76
Anreise 77
Auskunft 78
Diplomatische Vertretungen 79
Feiertage, Feste, Veranstaltungen 79
Geld, Banken, Kreditkarten 80
Hinweise für Menschen mit Behinderungen 81
Internet 81
Klima, Reisezeit 82
Medizinische Versorgung 82
Notfälle, wichtige Rufnummern 83
Post, Briefmarken 82
Presse 82
Rauchen 82
Sicherheit 82
Sightseeing, Touren 84
Telefonieren 84
Trinkgeld 84
Verkehrsmittel 85

Paris in Zahlen und Fakten

Alter: Um 250 v. Chr. gegründet
Fläche: 105,40 km²
Lage: Im Pariser Becken, durchschnittlich 65 m über NN
Einwohner: 2,2 Mio.
Einwohnerdichte: 20 696 Einwohner pro km²
Bevölkerungszusammensetzung: 75 % der Bevölkerung sind katholisch, etwa 220 000 Juden und 50 000 Muslime leben in der Hauptstadt.
Klima/Temperaturen: Gemäßigtes Klima, Durchschnittstemperatur im Juli 18,4°C, im Januar 3,5°C, mittlere jährliche Niederschlagsmenge 650 mm
Bildung: In Paris befinden sich die angesehensten Bildungsstätten Frankreichs, darunter die École Polytechnique, das Collège de France und die Sorbonne.
Wirtschaft: Paris ist das bedeutendste Wirtschaftszentrum des Landes, etwa ein Viertel der Produktionsbetriebe Frankreichs haben sich in der Metropolregion angesiedelt. Ein wichtiger Wirtschaftszweig ist der Tourismus. Berühmt ist die Stadt aber vor allem auch für die Herstellung von Luxusgütern wie Haute Couture und Schmuck.
Tourismus: Mit mehr als 35 Mio. Übernachtungen zählt Paris zu den weltweit beliebtesten Städtereisezielen.

Service von A–Z

Das Band, das die Stadt zusammenhält: der Pariser Boulevard Périphérique

Anreise

Mit der Bahn
Am günstigsten und bequemsten ist die Anreise mit der Bahn – in Paris nützt ein Auto wenig und die Parkhäuser sind teuer. Mit dem schnellen Thalys von Köln/Aachen (www.thalys.com), dem ICE ab Frankfurt sowie Frühbuchertarifen ab anderen deutschen Großstädten oder auch aus Basel, Zürich und Wien gelangt man preiswert nach Paris (www.raileurope.de oder www.raileurope.ch). Von Innsbruck, München, Stuttgart, Saarbrücken, Ulm, Berlin und Hannover erreicht man Paris mit der DB City Night Line. Information und Buchung über www.nachtzugreise.de, www.citynightline.de.

Paris besitzt sechs Kopfbahnhöfe: An der **Gare du Nord** ➜ D/E15/16 enden Züge aus Norddeutschland, an der **Gare de l'Est** ➜ F16 aus Süddeutschland, Österreich und der Schweiz. An allen Bahnhöfen kann man in Métro, RER oder Taxis umsteigen. SNCF Auskunft und Reservierung © 08 92-35 35 35, www.sncf.fr.

Mit dem Flugzeug
Von allen großen Flughäfen Deutschlands, Österreichs und der Schweiz wird Paris mehrmals täglich angeflogen, meist der Flughafen **Charles de Gaulle** ➜ aB6, 25 km nördlich, oder sonst **Orly** ➜ aF4, der zweite internationale Flughafen von Paris, 16 km südlich. Günstige Angebote über Preisvergleichs-Websites wie www.billiger-fliegen.de, www.billigfluege.de u.v.a.

Für den Transfer in die Stadt gibt es mehrere Möglichkeiten. **RER**: Vom Flughafen Charles de Gaulle-Roissy (Terminal 1 und 2) mit der RER-Linie B hat man u.a. Verbindung zu den Métrostationen Gare du Nord und Châtelet-Les Halles (40 Min.), etwa alle 15 Min. von 5–24 Uhr. Von Orly fährt die RER-Linie Orlyval zur RER B (Antony), alle 6 Min. von 6–22 Uhr.

Air-France-Busse (www.cars.airfrance.fr) fahren von beiden Flughäfen in die Stadt und zurück. Ab Charles de Gaulle-Roissy über Porte Maillot bis Étoile etwa alle 12 Min. (Fahrzeit 40 Min.) oder alle halbe Stunde über Gare de Lyon zur Gare Montparnasse (Fahrzeit

Service von A–Z

50 Min.); ab Orly etwa alle 12 Min. über Gare Montparnasse bis Étoile (Fahrzeit 30 Min.) oder über Gare Montparnasse bis Invalides.

Alle vier Buslinien verkehren ca. 6–23 Uhr, die Tickets ab Roissy kosten für Linie 2 (Étoile–Porte Maillot) € 15 (Kinder € 7,50, hin und zurück € 24), mit Linie 4 (Gare Montparnasse oder Gare de Lyon) € 16,50 (Kinder € 8, hin und zurück € 27), ab Orly mit Linie 3 € 19 (Kinder € 9,50).

RATP-Busse (www.ratp.fr): Roissybus bis zur alten Oper alle 15–20 Min. (6–23 Uhr, 50 Min.), Orlybus zur Place Denfert-Rochereau alle 15–20 Min. (6–23 Uhr, 30 Min.).

Taxis ab Charles de Gaulle-Roissy kosten etwa € 50, ab Orly etwa € 40. Standplätze und Telefonnummern unter der Flughafen-Website www.adp.fr, Rubrik Accès/Getting to the airport. Info: Flughafen Charles de Gaulle und Flughafen Orly ✆ 01 70 36 39 50, www.adp.fr.

Mit dem Auto

Bei der Anreise von Norden sind etwa € 13 Autobahngebühren *(péage)* einzukalkulieren, bei der Anreise von Osten € 33, die auch mit Kreditkarte bezahlt werden können (www.autoroutes.fr).

Pannenhilfe: Auf Autobahnen über Notrufsäulen, auf anderen Straßen kann unter ✆ 0800-08 92 22 AIT-Assistance, auch in deutscher Sprache, angefordert werden. ADAC-Notrufnummer für Frankreich: ✆ 0825-80 08 22.

Verkehrsregeln: Geschwindigkeitslimit auf Autobahnen 130 km/h (110 km/h bei nasser Fahrbahn), auf Schnellstraßen 110 (90) km/h, auf Landstraßen 90 (80) km/h, innerhalb von Orten 50 km/h. Wer den Führerschein noch kein Jahr besitzt, darf nicht schneller als 90 km/h fahren. Verstöße wie Falschparken und Überschreiten der Tempolimits werden mit ausgesprochen hohen Bußgeldern belegt. Die Promillegrenze liegt bei 0,5.

Parken: In Paris sollte man seinen Wagen in einem Parkhaus abstellen (teuer: € 20–60 für 24 Std.). Infos unter www.parkingsdeparis.com.

In der Stadt kommt man mit Métro und Bus schneller durchs Verkehrsgewühl, entgeht der leidigen Parkplatzsuche und dem Gewirr der vielen Einbahnstraßen. An Parkuhren *(horodateurs)* müssen Parkscheine gelöst und gut sichtbar innen an die Windschutzscheibe gelegt werden. Das funktioniert nur noch bargeldlos mit *Moneo* (Chipkarten, mit Guthaben zu € 10 und € 30 in Tabakläden erhältlich, www.paris.fr). Sonntags, feiertags und im August ist das Parken frei. Gelbe Streifen am Fahrbahnrand signalisieren Parkverbot.

Mit dem Bus

Viele Busunternehmen bieten preiswerte Städtetouren an, meist Wochenendpauschalangebote mit Hotel. Tipp: Auf die Lage der Hotels achten, die sehr günstigen Angebote gelten meist für Kettenhotels am Stadtrand.

Auskunft

Fremdenverkehrsämter:

In Deutschland
Atout France
Zeppelinallee 37
D-60325 Frankfurt/Main
✆ (0900) 157 00 25 (€ 0,49/Min.)
Fax (0900) 159 90 61 (€ 0,49/Min.)
http://de.franceguide.com

In Österreich
Atout France
Lugeck 1–2/Stg. 1/Top 7
A-1010 Wien
✆ (0900) 25 00 15 (€ 0,68/Min.)
http://at.franceguide.com

Service von A–Z

In der Schweiz
Atout France
Rennweg 42, Postfach 3376
CH-8021 Zürich, ✆ (044) 217 46 00
http://ch.franceguide.com

In Paris
Office de Tourisme ➡ J11
25, rue des Pyramides (1er)
Métro Pyramides
✆ 08 92-68 30 00 (gebührenpflichtig)
www.parisinfo.com
de.parisinfo.com (deutsch)
Juni–Okt. tägl. 9–19, Nov.–Mai
Mo–Sa 10–19, So 11–19 Uhr
Das Office de Tourisme informiert über Veranstaltungen, Öffnungszeiten, Ausflüge, Stadtrundfahrten, versorgt mit Stadt- und Métroplänen, Hotel- und Restaurantverzeichnissen und reserviert Zimmer (ab Zwei-Sterne-Hotels) sowie Theater- und Konzertkarten. Kleine Zweigstellen im Gare du Nord, Gare de l'Est und Gare de Lyon, am Montmartre (72, bd. Rochechouart) und den Champs-Élysées (Ecke Av. Marigny).

Diplomatische Vertretungen

Deutsche Botschaft ➡ J7
13–15, av. Franklin-Roosevelt (8e)
75008 Paris
Métro Franklin-Roosevelt
✆ 01 53 83 45 00, Fax 01 43 59 74 18
www.paris.diplo.de

Österreichische Botschaft ➡ K7
6, rue Fabert (7e)
75007 Paris, Métro Invalides
✆ 01 40 63 30 63, Fax 01 45 55 63 65
www.aussenministerium.at/paris

Schweizer Botschaft ➡ L8
142, rue de Grenelle (7e)
75007 Paris, Métro Varenne
✆ 01 49 55 67 00, Fax 01 49 55 67 67
www.eda.admin.ch
www.amb-suisse.fr

Feiertage, Feste, Veranstaltungen

Feiertage:

1. Januar: Neujahr

Weltweit gilt das Gemälde »Die Freiheit führt das Volk an« (La liberté guidant le peuple, 1830, Musée du Louvre) von Eugène Delacroix als Symbol der Freiheit

Service von A–Z

Ostermontag
1. Mai: Tag der Arbeit
8. Mai: Waffenstillstand 1945
Christi Himmelfahrt
Pfingstmontag
14. Juli: Nationalfeiertag
15. August: Mariä Himmelfahrt
1. November: Allerheiligen
11. November: Waffenstillstand 1918
25. Dezember: Weihnachten

Feste, Veranstaltungen:

Ende Jan./Anfang Feb.
Chinesisches Neujahrsfest – Umzüge und Lampionfeste in Chinatown (13e) zwischen Place d'Italie und Porte de Choisy
Anfang April/Ende Mai
Foire du Trône – der größte Jahrmarkt Frankreichs, im Bois de Vincennes. Métro Porte Dorée oder Shuttlebus ab Nation (www.foiredutrone.com)
Juni
Festival de la Butte Montmartre – erste Monatshälfte, Theater, Tanz, Musik am Montmartre-Hügel.
Fête de la Musique – am 21. Juni, Livemusik von Klassik über Jazz bis Rock und Worldmusic unter freiem Himmel, in Parks, auf Plätzen und Straßen (www.fetedelamusique.culture.fr)
Juni/Juli
Paris Jazz Festival – internationale Starmusiker im Parc de Floral in Vincennes. Die an den Wochenenden stattfindenden Konzerte sind frei, man bezahlt lediglich die Eintrittsgebühr zum Park.
Nationalfeiertag – das größte Fest in Paris am 14. Juli, Militärparade auf den Champs-Élysées, Feuerwehrbälle am Abend vorher auf der Place de la Bastille, Feuerwerk
Mitte Juli–Ende Aug.
Paris, quartier d'été – Musik, Zirkus, Tanz, Theater in den großen Sommerferien. Im Jardin du Luxembourg, den Tuilerien, in der Sorbonne, im Palais Royal, La Villette... (www.quartierdete.com)

September
Festival d'automne – Mitte Sept.–Mitte Dez. Herbstfestival mit Musik, Theater, Tanz, Film (www.festival-automne.com)
Journées du Patrimoine – zweite Monatshälfte Tag der offenen Tür in historischen und öffentlichen Gebäuden, wie beispielsweise dem Elysée-Palast, Sitz des Staatspräsidenten, und dem Hôtel Matignon, Sitz des Premierministers (www.jour neesdupatrimoine.culture.fr)
Oktober
Nuit Blanche – Monatsanfang, eine ganze Nacht lang Kulturprogramm und offene Türen – vom Theater bis zum Schwimmbad (www.paris.fr/portail/Culture/portal.lut?page_id=6806)

Geld, Banken, Kreditkarten

Bei Verlust oder Diebstahl der Geldkarte sollte man diese sofort sperren lassen:

EC-/Maestro-Karte
Deutschland ✆ +49-1805-021 021
Österreich ✆ +43-1-20 48 8 00
Schweiz ✆ +41-1-271 22 30,
UBS ✆ +41-8488-886 01,
Credit Suisse ✆ +41-8008-004 88

MasterCard und VISA
Deutschland ✆ +49-69-79 33 19 10
Österreich ✆ +43-1-717 01 45 00 (MasterCard) bzw.
✆ +43-1-71 11 17 70 (VISA)
Schweiz ✆ +41-44-200 83 83 für alle Banken außer Credit Suisse, Corner Bank Lugano und UBS

American Express
Deutschland und Österreich
✆ +49-69-97 97 10 00
Schweiz ✆ +41-1-659 66 66

Diners Club
Deutschland ✆ +49-69-66 16 61 23
Österreich ✆ +43-1-50 13 50
Schweiz ✆ +41-1-835 45 45

Service von A–Z

Hinweise für Menschen mit Behinderungen

Paris macht es Behinderten nicht leicht: Zwar geben die meisten Hotels und Restaurants an, ob sie für Rollstullfahrer zugänglich sind, aber das war es auch schon. Infos: www.parisinfo.com unter Paris pratique/Tourisme & Handicap. Ein großes Handicap: Weder Métro noch Busse sind auf Behinderte eingerichtet. Nur die neue Météor-Linie und Teile der RER-Linien A und B sind für Rollstuhlfahrer zugänglich.

Internet

So gut wie alle touristischen Anbieter haben eine eigene Website, viele darunter auch mit einer englischen Sprachversion, seltener mit einer deutschen. Teure Hotels neigen allerdings leider dazu, keine Zimmerpreise anzugeben.

Wer spezielle Informationen sucht, erzielt bessere Ergebnisse über eine französische Suchmaschine (z.B. www.yahoo.fr) als über das deutsche Pendant.

www.paris.fr – Die offizielle Website der Stadt Paris. Infos nicht nur für Einwohner, sondern auch für Touristen, u.a. aktuelle News und Beschreibungen zu Museen, Märkten, Parks, Universitäten und Touren mit dem Fahrrad durch Paris. Eine englischsprachige Version der Website kann ebenfalls aufgerufen werden.

www.paris.org – Neben vielen Tipps für Touristen (Hotels, Restaurants, Einkaufen, Szene, Verkehr) bietet diese Internetseite einen interaktiven Stadtplan, das Onlinemagazin *Paris.Kiosque* und jede Menge Links zum Thema Paris (in englischer und französischer Sprache).

www.parissi.com – Eine »junge« Seite, die sich (leider nur französisch) auf Trends, Nightlife, Musik, Kino und Mode konzentriert. Mit vielen Tipps zu Hotels, Bars und Restaurants, in denen sich junge Erwachsene (und Junggebliebene) zu Hause fühlen.

www.parisvoice.com – Englischsprachiges Online-Magazin für Pariser und Touristen. Mit aktuellem Veranstaltungskalender, großem Szeneführer und Redaktionstipps.

www.parisinfo.com – Website des Tourist Office mit allgemeinen Infos und Möglichkeit zur Onlinereservierung von Hotels, Jugendherbergen, Bed & Breakfasts, Ausflügen und Tickets (dt. Version: **de.parisinfo.com**). Weiter findet man Restaurants, Events und praktische Tipps für Besucher.

www.timeout.com/paris – Das englischsprachige Stadtmagazin *Time Out* gibt einen jährlich aktualisierten Stadtführer für Paris heraus und das für Feinschmecker unentbehrliche, umfangreiche Special *Eating & Drinking*. Auf der Website gibt es aktuelle Tipps für Hotels, Restaurants, Shopping und Events.

www.franceguide.com – Offizielle Informations-Website für Tourismus in Frankreich, mit deutsch- und französischsprachigen Domains für die BRD, Österreich und die Schweiz.

Haute Couture: Frankreichs wichtigster Exportschlager

Service von A–Z

Klima, Reisezeit

Das milde Klima verlängert die Reisezeit für Paris von März bis Oktober: Die durchschnittliche Jahrestemperatur ist etwas höher als in Mitteleuropa, das Frühjahr beginnt entsprechend früher. Auch die Spanne zwischen wärmstem und kältestem Monat ist geringer (Durchschnittstemperatur im Januar 6 °C, im Juli 25 °C). Ostern und Pfingsten zählen zu den beliebtesten Reiseterminen – man muss daher besonders frühzeitig eine Unterkunft reservieren.

Die schönsten Monate für eine Parisreise sind **Mai, Juni, September und Oktober** mit angenehmen Temperaturen. In den Sommermonaten Juli und August kann es mit mehr als 30 Grad auch mal heiß werden und die französische Hauptstadt leert sich. Bei sommerlichen Temperaturen locken Bootsfahrten und Aktionen wie Paris Plage, Freiluftkino und Open-Air-Konzerte. Beim Sommerfestival Paris Quartier d'Eté werden auch Parks, Gärten und Plätze als Veranstaltungsorte genutzt.

Im **Herbst** steht die Kultur im Vordergrund, neben großen Ausstellungen und der FIAC (Kunstmesse) vor allem Theater- und Opernpremieren, für die man vorab Karten bestellen sollte. Das Festival d'Automne mit Konzerten, Tanz- und Theateraufführungen heißt Herbstfestival, zieht sich aber durch den ganzen Winter bis weit in den Dezember. Die Hauptstadt bietet auch im **Winter** Abwechslung. Wer sich bei Kälte (die Temperatur fällt aber selten unter 0 °C) oder Regen lieber drinnen aufhält, hat die Auswahl unter rund 150 Museen und kann auch in überdachten Passagen sowie Cafés und Teesalons im Warmen bleiben. Im **Januar**, der oft regnerisch sein kann, lockt der Schlussverkauf – nicht nur Mode wird reduziert, sondern auch Tisch- und Bettwäsche, Geschirr und andere Waren.

Wetter: Die aktuelle Wettervorhersage ist unter www.wetteronline.de, www.meteo.fr und in den Tageszeitungen zu finden.

Medizinische Versorgung

Die gesetzlichen Krankenkassen Deutschlands, Österreichs und der Schweiz garantieren eine Behandlung in Frankreich auch im akuten Krankheitsfall, wenn die medizinische Versorgung nicht bis nach der Rückkehr warten kann. Im Krankheitsfall besteht ein Anspruch auf ambulante oder stationäre Behandlung bei jedem zugelassenen Arzt und in staatlichen Krankenhäusern.

Öffentliche Krankenhäuser bieten einen 24-Stunden-Notdienst. Die Behandlungskosten sind sofort zu bezahlen, in Deutschland kann mit der Krankenversicherung die Rückerstattung geregelt werden. Die Auslandskarte (EHIC), die gesetzlich Versicherte EU-Bürger bei ihrer Krankenkasse erhalten, erleichtert die Abrechnung. Sinnvoll ist der Abschluss einer zusätzlichen **Reisekrankenversicherung,** weil sonst nur die in Deutschland üblichen Sätze erstattet werden.

Zur Erstattung der Kosten benötigt man Quittungen (mit Datum, Namen, Bericht über Art und Umfang der Behandlung, Kosten der Behandlung und Medikamente = *feuille des soins*).

Vor Antritt der Reise sollte man sich jedoch bei der zuständigen Krankenkasse erkundigen. Ein Merkblatt für Auslandsaufenthalte ist im Übrigen bei jeder Krankenkasse erhältlich.

Apotheken erkennt man in Frankreich an einem weißen Schild mit einem grünen Kreuz darin. Ein Aushang gibt Auskunft darüber, welche Apotheke Wochenend- oder Nachtdienst hat.

Service von A–Z

Notfälle, wichtige Rufnummern

Allgemeiner Notruf ✆ 112
Polizei: ✆ 17
ADAC: ✆ 0825800822
Ambulanz/Krankenwagen (SAMU): ✆ 15
Apotheke: Pharmacie Dhéry, 84, av. des Champs-Élysées (8e), ✆ 0145620241, Métro George-V, 24 Std. geöffnet
Feuerwehr: ✆ 18
Notarzt (SOS Médecins): ✆ 0147077777
Notzahnarzt (SOS Dentistes): ✆ 0147073368
Notdienst für Brillen: ✆ 0148072200

Post, Briefmarken

Öffnungszeiten in der Regel Mo–Fr 8–19, Sa 8–12 Uhr. Die Hauptpost, 48–52, rue du Louvre (1er), Métro Les Halles, ist rund um die Uhr geöffnet.

Briefmarken gibt es in Postämtern sowie in Bars mit Tabaklizenz (bar-tabac).

Presse

Die Pariser Kioske bieten unüberschaubar viele Presseerzeugnisse an, von den überregionalen Tageszeitungen Frankreichs wie *Le Monde*, *Libération*, *Le Figaro* und *France Soir*. Neben landesweiten Tageszeitungen gibt es zahllose Regionalblätter. Monatszeitschriften wie die Nachrichtenmagazine *Express*, *Le Point* und *Nouvel Observateur* entsprechen einer Mischung aus *Time*, *Stern* und *Spiegel*. Am auflagenstärksten sind jedoch weder die Nachrichtenmagazine noch die Tageszeitungen, sondern Illustrierte, Fernsehzeitschriften und Frauenzeitschriften.

Die beiden wöchentlich erscheinenden Veranstaltungskalender *Pariscope* und *L'Officiel des Spectacles* enthalten das komplette Theater-, Kino- und Ausstellungsprogramm.

Bronze-Allegorie »L'Art« (Die Kunst, um 1882) vor dem Pariser Rathaus

Rauchen

Das strikte Rauchverbot in Frankreich, zunächst auf Métro, Krankenhäuser, Schulen, Bahnhöfe etc. beschränkt, gilt seit Januar 2008 auch für Hotels, Restaurants, Cafés, Bars und Diskotheken. Wie in anderen Ländern schon länger, muss man zum Rauchen nun vor die Tür.

Sicherheit

In den Gängen der Métro und im Menschengewimmel auf Märkten oder auf den großen Boulevards sollte man sich vor Taschendieben in Acht nehmen. Profis erkennen sofort den Touristen und nutzen eventuelle, durch Sprachschwierigkeiten und mangelnde Ortskenntnis bedingte Unsicherheiten schamlos aus. Tragen Sie nie zu viel Bargeld mit sich herum, lassen Sie die Ausweispapiere im Hotel und führen Sie nur Kopien mit sich. Benutzen Sie für die nächtliche Rückfahrt zum Hotel ein Taxi.

Verflochtene Eisenträger im Art nouveau: Métro-Eingang Montmartre

Sightseeing, Touren

Stadtrundfahrten:

Open Tour
✆ 01 42 66 56 56
www.paris-opentour.com
Tages- und Zweitageskarten € 29/32
Open Tour fährt auf vier Routen mit offenen Doppeldeckern zu den wichtigsten Sehenswürdigkeiten, man kann nach Belieben an rund 60 Haltestellen aus- und wieder zuzusteigen.

Auch einige **Buslinien** eignen sich für eine individuelle Stadtrundfahrt, etwa der **Balabus**, der Mitte April–Sept. an Sonn- und Feiertagen nachmittags die wichtigsten Sehenswürdigkeiten abfährt (siehe www.ratp.fr).

Schiffstouren:

Bootstouren auf der Seine sind mit mehreren Gesellschaften möglich, Abfahrtsstellen gibt es am Pont-Neuf, am Pont de l'Alma und am Pont d'Iéna unterhalb des Eiffelturms. Etwas ausgefallener ist die dreistündige Fahrt über den Kanal Saint-Martin – ab Port de l'Arsénal nahe der Bastille geht es zunächst unterirdisch los, unter dem Boulevard Richard Lenoir, danach gemächlich durch mehrere Schleusen stadtauswärts Richtung La Villette.

Canauxrama
Port de l'Arsénal, Métro Bastille
www.canauxrama.com
Abfahrt 9.45 und 14.30 Uhr, oder in umgekehrter Richtung:
Bassin de la Villette
Métro Jaurès
Abfahrt 9.45 und 14.45 Uhr
April–Okt., Juni–Sept. auch Abendtouren mit Musikprogramm
Ticket € 15

Batobus
www.batobus.com
Feb./März 10.30–16.30, April/Mai, Okt. 10–19, Juni–Sept. 10–21 Uhr
ca. alle 25 Min.
Tagesticket € 11, zwei Tage € 13
Für den originellen, allerdings langsamen Boots-Pendelverkehr auf der Seine kann man sich eine Tages- oder Zweitageskarte kaufen und an acht Haltestellen aus- und wieder zusteigen: Eiffelturm, Musée d'Orsay, Saint-Germain-des-Prés, Notre-Dame, Jardin des Plantes, Hôtel-de-Ville, Louvre, Champs-Élysées.

Telefonieren

Die französischen Telefonnummern sind 10-stellig, innerhalb Frankreichs wird die 10-stellige Nummer gewählt. Aus dem Ausland wählt man die Landeskennziffer +33 und lässt die Anfangsnull weg, dann folgen die neun Ziffern der Telefonnummer.

Vorwahl Frankreich ✆ +33
Vorwahl Deutschland ✆ +49
Vorwahl Österreich ✆ +43
Vorwahl Schweiz ✆ +41

Trinkgeld

In Lokalen sind etwa 5–10 % Trinkgeld für die Bedienung in den Preis eingerechnet. Man pflegt allerdings aufzurunden oder – bei Zahlung per Kreditkarte – ca. € 1 pro Person zu geben. Toilettenfrauen erwarten 50 Cent, Taxifahrer ein Trinkgeld in Höhe von 10 % des Fahrpreises.

Bei organisierten Stadtrundfahrten freuen sich die Busfahrer und Reiseleiter über eine kleine Anerkennung.

Verkehrsmittel

Ein einziges Ticket gilt für den gesamten Stadtbereich, einschließlich Umsteigen. Erst außerhalb der Zone 1, etwa zu den Flughäfen, gibt es gestaffelte Tarife. Die **Métro** ist die schnellste und preiswerteste Art, sich in Paris fortzubewegen. Kleine Übersichtspläne fürs Portemonnaie gibt es in jeder Metrostation; Infos im Internet unter www.ratp.fr. Das U-Bahn-Netz ist dicht und tagsüber sind die Bahnen eng getaktet (2–6 Min.); auch nach 19 Uhr muss man nicht länger als 7–10 Min. warten. Die Métro verkehrt von 5.30–1 Uhr. Ein *Carnet*, ein Zehnerblock, ist günstiger (€ 12) als zehn einzelne Fahrscheine (€ 1,70). Daneben gibt es die **Touristenkarte Paris Visite** für 1, 2, 3 oder 5 Tage, für Zone 1–3 von € 9,00–28,90.

Es gibt fünf **S-Bahn-Linien** (RER), die mit den Buchstaben A, B, C, D und E benannt und mit dem U-Bahnnetz verbunden sind. Die Linien bedienen die Vororte (wie La Défense, Saint-Denis oder Versailles) und die Flughäfen. Innerhalb des Stadtzentrums gelten die normalen Métro-Tickets, außerhalb sind die Tarife gestaffelt.

Für **Busse** gelten dieselben Fahrkarten, allerdings müssen diese im Bus und beim Umsteigen erneut entwertet werden. An den Haltestellen (gelb-rote Schilder) sind die Nummer der Linie, die Zonen-Einteilung sowie die Fahrtroute angegeben. Busse verkehren Mo–Sa etwa 6.30–20.30 Uhr, einige wenige Linien auch bis Mitternacht. Es gelten gesonderte Sonntagsfahrpläne.

Mehr als 40 **Nachtbuslinien** starten von der Place du Châtelet (av. Victoria) oder den Bahnhöfen zwischen 0.30–5.30 Uhr etwa stündlich Richtung Peripherie und zurück (www.noctilien.fr – auch auf dt.). Haltestellen sind an Schildern mit einer Eule zu erkennen, die Busse müssen jedoch per Handzeichen angehalten werden. ■

Brücke aus der Zeit der Belle Époque – der Pont Alexandre III

Service von A–Z

Sprachführer

Alltag/Umgangsformen

Für den Alltag sind sie unerlässlich, die kleinen Floskeln und Redewendungen. Sie werden sehen: Höflichkeit öffnet Türen. Wenn Sie den Begrüßungs- und Dankformeln auch noch die entsprechende Anrede von Madame, Mademoiselle bzw. Monsieur hinzufügen (Bonjour Madame, Merci Monsieur), beherrschen Sie bereits einen beträchtlichen Teil der französischen Gepflogenheiten.

Guten Tag	Bonjour
Guten Abend	Bonsoir
Gute Nacht	Bonne nuit
Freut mich, angenehm	Enchanté
Wie geht's?	Ça va? (Antwort: Ça va.)
Wie geht es Ihnen?	Comment allez-vous?
Haben Sie gut geschlafen?	Vous avez bien dormi?
Auf Wiedersehen	Au revoir
Gute Reise!	Bon voyage!
Hallo/Tschüss	Salut
Bis bald	A bientôt
Bis morgen	A demain
Einen schönen Tag/Abend (noch)!	Bonne journée/ soirée!
Ebenfalls/Danke gleichfalls	Vous de même
ja, nein	oui, non
vielleicht	peut-être
Ich heiße Michael	Je m'appelle Michel
Wie ist Ihr/dein Name?	Quel est votre/ton nom?
Verzeihen Sie bitte/Verzeihung!	Excusez-moi, s.v.p./ Pardon (s.v.p. = s'il vous plaît)
Vielen Dank!	Je vous remercie/ Merci beaucoup.
Bitteschön/Keine Ursache	Je vous en prie

Falls Sie nicht alles verstehen (zugegeben: die Franzosen sprechen manchmal ganz schön schnell), können Sie sagen: *Je ne comprends pas. Parlez un peu plus lentement, s.v.p.* Wenn auch das nichts hilft, bleibt noch die Möglichkeit, sich das Gesagte aufschreiben zu lassen: *Voudriez-vous l'écrire, s.v.p.?*

Autofahren

Was auf Straßenschildern steht

le chantier	Baustelle
la déviation	Umleitung
le péage	Autobahngebühr
stationnement interdit	Parkverbot
le danger	Gefahr
le verglas	Glatteis
Vous n'avez pas la priorité	Vorfahrt beachten
chaussée déformée	Straßenschäden
Gardez vos distances	Sicherheitsabstand wahren

Rund ums Auto

Mein Auto wurde gestohlen.	On m'a volé ma voiture.
Wo sind Sie versichert?	Quelle est votre assurance?
fahren	conduire
Ihren Führerschein, bitte.	Votre permis, s.v.p.
Vous allez beaucoup trop vite	Sie fahren viel zu schnell.
Fahrzeugschein	la carte grise
la limitation de vitesse	Geschwindigkeitsbeschränkung
Parkscheinautomat	le parcmètre
Autobahn	l'autoroute
Kreuzung	carrefour
Ampel	le feu rouge
Parkplatz	le parking
parken	garer la voiture
Gurt	la ceinture
Tankstelle	la station-service
Benzin (Oktanzahlen verweisen auf Super- und Normalbenzin: 98 bzw. 95)	l'essence
bleifrei	sans plomb
Diesel	le gazole
Bitte volltanken.	Le plein, s.v.p.
Luft nachfüllen	gonfler les pneus
Stau	le bouchon
überholen	dépasser
Fahren Sie langsamer!	Ralentissez!
Bußgeld	l'amende
Strafzettel	la contravention, le P.V.

Sprachführer

In der Werkstatt	*Au service de dépannage*
Ich hatte einen Unfall.	J'ai eu un accident.
Ich habe eine Panne.	Je suis tombé en panne.
Das Getriebe ist kaputt.	La boîte de vitesse ne marche plus.
Ich habe einen Platten.	J'ai crevé.
Ich glaube, ich brauche einen neuen Anlasser.	J'ai besoin d'un nouveau démarreur, je crois.
Könnten Sie mich abschleppen?	Pourriez-vous me remorquer, s.v.p.?
Werkstatt	le garage
Öl, Ölstand	l'huile, le niveau d'huile
Einen Ölwechsel, bitte.	Faites la vidange, s.v.p.
Motor	le moteur
Reifen	le pneu
Scheibenwischer	l'essuie-glace
Windschutzscheibe	le pare-brise
Scheinwerfer	le phare

Einkaufen

Ich muss noch einkaufen.	Je dois faire des courses.
Geld	l'argent
Kasse	la caisse
bezahlen	payer
Preisreduzierung	la réduction
kaufen	acheter
verkaufen	vendre
Schaufenster	la vitrine
günstig, teuer	bon marché, cher
etwas mehr/weniger	un peu plus/moins
kleiner	plus petit
größer	plus grand
Ausverkauf, Schlussverkauf	les soldes
Wo finde ich die Kleidung?	Où puis-je trouver les vêtements?
Ich suche Milch.	Je cherche du lait.
Wieviel kostet dieser Pullover?	Ce pull coûte combien?
Ich brauche Socken.	Je voudrais des chaussettes.
Haben Sie Badeanzüge?	Avez-vous des maillots de bain?
Ich möchte diesen Rock anprobieren.	Je voudrais essayer cette jupe.
Wo sind die Umkleidekabinen?	Où sont les cabines (d'essayage)?
Nehmen Sie Kreditkarten?	Prenez-vous des cartes de crédit?
Welche Größe haben Sie?	Quelle est votre taille?
Ich trage Schuhgröße 40.	Je fais du 40.
ein Paar Schuhe	une paire de chaussures
Hemd	la chemise
Hose	le pantalon
Kleid	la robe
Strumpfhose	les collants
Unterwäsche	les sous-vêtements
Jacke	la veste

Les couleurs	**Farben**
blau	*bleu*
braun	*brun, marron*
gelb	*jaune*
grau	*gris*
grün	*vert*
rot	*rouge*
schwarz	*noir*
weiß	*blanc/blanche*

Essen und Trinken

Wo bekommt man's	
Bäckerei	la boulangerie
Konditorei	la pâtisserie
Metzgerei	la boucherie/la charcuterie
Geschäft	le magasin
Markt	le marché
Lebensmittelgeschäft	l'alimentation
Supermarkt	le supermarché

Im Restaurant	**Au restaurant**
Die Karte, bitte.	La carte, s.v.p.
Getränkekarte/Weinkarte	la carte des boissons/des vins
Möchten Sie einen Aperitif?	Vous prenez l'apéritif?
Haben Sie gewählt?	Vous avez choisi?
Ich nehme das Menü für 20 €.	Je prends le menu à 20 €.
Als Vorspeise nehme ich ...	Comme entrée je prends ...
Hauptspeise	le plat principal
Nachspeise	le dessert
Weißwein/Rotwein/Tafelwein	le vin blanc/rouge/de table
Bier	la bière
Bier vom Fass	la pression
eine Karaffe Wasser (Leitungswasser, bekommt man in französischen Restaurants kostenlos dazu)	une carafe d'eau
Mineralwasser ohne Kohlensäure	l'eau plate
Mineralwasser mit Kohlensäure	l'eau gazeuse
schwarzer Kaffee	le café
Milchkaffee	café au lait
Kaffee mit geschlagener Milch	café crème

Service von A–Z

Schnaps, Magenbitter	le digestif
Hat es Ihnen geschmeckt?	Vous avez bien mangé?
Die Rechnung, bitte.	L'addition, s.v.p.
Trinkgeld	le pourboire
Ich würde gerne rauchen.	J'aimerais fumer.
Haben Sie Streichhölzer und einen Aschenbecher?	Auriez-vous des allumettes et un cendrier?
Rauchen verboten.	Interdit de fumer.
Bitte rufen Sie mir ein Taxi.	Pouvez-vous m'appeler un taxi, s.v.p.
Wo sind die Toiletten?	Où sont les toilettes?

Was auf der Speisekarte steht:

Le poisson — **Fisch**

les fruits de mer	Meeresfrüchte
huîtres	Austern
moules	Miesmuscheln
la crevette	Garnele
la sole	Seezunge
le saumon	Lachs
le thon	Thunfisch
la truite	Forelle

La viande — **Fleisch**

le poulet	Huhn
le canard	Ente
l'escalope	Schnitzel
les escargots	Schnecken
la côte d'agneau	Lammkotelett
la dinde	Pute
le bifteck	Steak
le steak haché	Hacksteak
le foie gras	Gänseleberpastete
le mouton	Hammelfleisch
le rôti	Braten
le veau	Kalbfleisch
le jambon	Schinken
la saucisse	Würstchen
le bœuf	Rindfleisch
le porc	Schweinefleisch

Les légumes — **Gemüse**

les asperges	Spargel
les épinards	Spinat
la choucroute	Sauerkraut
le champignon	Pilz
le haricot	Bohne
les petits pois	Erbsen
la pomme de terre	Kartoffel
le concombre	Gurke
le chou-fleur	Blumenkohl
les crudités	Rohkost
l'oignon	Zwiebel

Les fruits — **Obst**

la pomme	Apfel
la poire	Birne
la fraise	Erdbeere
la framboise	Himbeere
la pêche	Pfirsich
la prune	Pflaume
le pruneau	getrocknete Pflaume
le raisin (sec)	Traube (Rosine)

Les garnitures — **Beilagen**

pomme de terre	Kartoffel
pommes sautées	Bratkartoffeln
pommes vapeur	Salzkartoffeln
le riz	Reis
les nouilles	Nudeln
les pâtes	Teigwaren

La cuisson — **Zubereitungsarten**

à la vapeur	gedämpft
bleu	fast roh
saignant	blutig
à point	medium
bien cuit	gut durchgebraten

Divers — **Was es sonst noch gibt**

le lait	Milch
la crème	Sahne
la crème Chantilly	Schlagsahne
le fromage	Käse
le fromage blanc	Quark
les herbes	Kräuter
l'huile	Öl
le yaourt	Joghurt
les œufs	Eier
le beurre	Butter
les épices	Gewürze
l'ail	Knoblauch
le sucre, le sel	Zucker, Salz
le poivre	Pfeffer
le vinaigre	Essig
le miel	Honig
la glace (Quel parfum?)	Eis (Welche Sorte?)

Beim Bäcker

In der Bäckerei *(boulangerie)* gibt es vor allem das klassische Stangenweißbrot. Größe und Gewicht variieren vom *pain* übers *baguette* bis zur *flûte* und *ficelle*. Letzteres besteht fast nur noch aus knuspriger Rinde, so dünn ist es.
Darüber hinaus wächst aber auch in Frankreich das Interesse an dunklerem Brot aus Vollkornteig. Es heißt hier *pain complet*, ist jedoch mit dem, was man in Deutschland unter einem Vollkornbrot versteht, nicht zu vergleichen.
Außerdem gibt's neben *croissants* und *pains au chocolat* z.B. *brioche* (ein süßer, weicher Teig), *éclair* (Brandteig mit Pudding), *gâteau* (Kuchen) und *tarte* (Obstkuchen).

Sprachführer

Kosmetik/Zeitungen/Post/Verkehrsmittel

Was Sie zur Körperpflege brauchen

Fön	le sèche-cheveux
Friseur	le coiffeur
Friseurin	la coiffeuse
Haarwaschmittel	le shampooing
Handtuch	la serviette
Kamm	le peigne
Lippenstift	le rouge à lèvres
Pinzette	la pincette
Rasierklingen	les lames de rasoir
Rasierschaum	la crème à raser
Seife	le savon
Sonnenmilch	la crème antisolaire
Taschentücher	les mouchoirs
Zahnbürste	la brosse à dents
Zahnpasta	le dentifrice

Zeitung	*La presse* (findet man im *maison de la presse* oder im *tabac*)
Zeitung	le journal
Haben Sie deutsche Zeitungen?	Avez-vous des journaux allemands?
Wochenzeitung	l'hebdomadaire
Zeitschrift	le magazine

In der Bank — À la banque

Wo ist der nächste Geldautomat?	Où est le distributeur de billets le plus proche?
Ich brauche Kleingeld/Münzen.	J'ai besoin de monnaie/pièces.
Eine Unterschrift, bitte.	Une signature, s.v.p.

In der Post — À la poste

Fünf Briefmarken für Postkarten, bitte.	Cinq timbres pour des cartes postales, s.v.p.
Briefkasten	la boîte aux lettres
(Blei-)Stift	le crayon
Umschlag	l'enveloppe

Verkehrsmittel — *Transports*

Zug	le train
Bahnhof	la gare
Bus (Überlandbus)	l'autobus, autocar
Flugzeug	l'avion
Flughafen	l'aéroport
Fahrkarte	billet
Wo ist die nächste Métro-Station?	Où est la station de métro plus proche?
Wo muss ich aussteigen?	Où faut-il descendre?

Beim Arzt — *Chez le médecin*

Ich habe Halsschmerzen.	J'ai mal à la gorge.
Mir ist übel.	J'ai mal au cœur.
Er ist krank.	Il est malade.
Ich habe Bauch-/Kopfschmerzen.	J'ai mal à l'estomac/à la tête.
Sie ist erkältet.	Elle est enrhumée.
Meine Frau ist schwanger.	Ma femme est enceinte.
Stellen Sie mir bitte ein Rezept aus.	Faites-moi une ordonnance, s.v.p.
Machen Sie bitte den Mund auf.	Ouvrez la bouche, s.v.p.
Arm	le bras
Bein	la jambe
Hand	la main
Auge, die Augen	l'œil, les yeux
Ohr	l'oreille
Fuß	le pied
Herz	le cœur
Unfall	l'accident
Krankenwagen	l'ambulance
Zahnarzt	le dentiste
Durchfall	la diarrhée
Tablette	le cachet/le comprimé
Schmerz	la douleur
Fieber	la fièvre
Apotheke	la pharmacie
Spritze	la piqûre
husten, Husten	tousser, la toux
impfen	vacciner

Wo? Wie? Was? – Orientierung

Wie man nach dem Weg fragt (und die Antwort versteht)

Könnten Sie mir helfen?	Pourriez-vous m'aider, s.v.p.?
Kennen Sie das Moulin Rouge?	Connaissez-vous le Moulin Rouge?
Ist das weit von hier?	C'est loin d'ici?
Wo ist der Ausgang?	Où est la sortie?
Ich habe mich verlaufen.	Je me suis perdu.
Wie komme ich zum Montmartre?	Quel chemin faut-il prendre pour aller à Montmartre?
(nach) links	à gauche
(nach) rechts	à droite
geradeaus	tout droit

Welche Sehenswürdigkeiten gibt es in der Stadt?

Brücke	le pont
Schloss	le château
Haus	la maison
Brunnen	la fontaine
Denkmal	le monument

Service von A–Z

Fluss	la rivière
Kirche	l'église (f)
Museum	le musée
Rathaus	l'hôtel de ville (m)
Turm	la tour

Telefonieren — *Téléphoner*

Nicht auflegen, bleiben Sie dran!	Ne quittez pas!
Es ist besetzt.	C'est occupé.
Ich möchte gern Herrn X sprechen.	J'aimerais parler à Monsieur X.
Ist er da?	Est-ce qu'il est là?
Ich werde es später noch einmal versuchen.	J'essayerai plus tard.
jemanden anrufen	appeler quelqu'un
Kann er mich zurückrufen?	Peut-il me rappeler?
einen Anruf machen	donner un coup de téléphone
Telefonzelle	la cabine de téléphone
Telefonkarte	la carte de téléphone

Unterkunft — *Se loger*

Hätten Sie ein Zimmer für zwei Personen?	Auriez-vous une chambre pour deux personnes?
für eine Nacht, mit einem Doppelbett oder zwei Betten.	pour une nuit, avec un grand lit ou deux lits.
Mit einem Zusatzbett für unser Kind.	Avec un lit supplémentaire pour notre enfant
Kann ich es sehen?	Puis-je la voir?
Ich habe ein Zimmer reserviert.	J'avais retenu une chambre.
Wann gibt es Frühstück? (Achtung, das Frühstück ist oft nicht im Übernachtungspreis inbegriffen)	A quelle heure sert-on le petit déjeuner?
Wecken Sie mich bitte um sieben Uhr.	Réveillez-moi à sept heures du matin, s.v.p.
Den Schlüssel für Zimmer 10, bitte	La clé numéro dix, s.v.p..
Wir reisen morgen/übermorgen ab.	Nous partirons demain/dans deux jours.
Waschbecken (Bei einem *chambre lavabo* befindet sich die Toilette, manchmal auch eine *douche, à l'étage*, d.h. auf dem Gang.)	le lavabo
Badezimmer (mit Badewanne)	la salle de bains
Lift	l'ascenseur
Zelt	la tente

Wetter — *Le temps*

Wie ist das Wetter?	Quel temps fait-il?
die Wettervorhersage	la météo
Heute ist schönes Wetter.	Il fait beau aujourd'hui.
Welch eine Hitze!	Quelle chaleur!
Ich friere.	J'ai froid.
Die Sonne scheint.	Le soleil brille.
Der Himmel ist bewölkt.	Le ciel est couvert.
Wolken	les nuages
Schnee, es schneit.	la neige, il neige
Regenschirm	le parapluie
Es regnet	Il pleut

Zahlen — *Les chiffres*

null	zéro
eins	un
zwei	deux
drei	trois
vier	quatre
fünf	cinq
sechs	six
sieben	sept
acht	huit
neun	neuf
zehn	dix
elf	onze
zwölf	douze
dreizehn	treize
vierzehn	quatorze
fünfzehn	quinze
sechzehn	seize
siebzehn	dix-sept
achtzehn	dix-huit
neunzehn	dix-neuf
zwanzig	vingt
einundzwanzig	vingt-et-un
zweiundzwanzig	vingt-deux
dreißig	trente
vierzig	quarante
fünfzig	cinquante
sechzig	soixante
siebzig	soixante-dix
achtzig	quatre-vingt
neunzig	quatre-vingt-dix
hundert	cent
tausend	mille

Sprachführer

Kalender/ Zeitangaben	*la date*
Montag	*lundi*
Dienstag	*mardi*
Mittwoch	*mercredi*
Donnerstag	*jeudi*
Freitag	*vendredi*
Samstag	*samedi*
Sonntag	*dimanche*
Wochenende	*week-end*

Uhrzeit	*l'heure*
Wieviel Uhr ist es?	*Quelle heure est-il?*
Es ist halb zehn, viertel vor zehn viertel nach acht.	*Il est neuf heures et demi, dix heures moins huit le quart, heures et quart.*
Um wieviel Uhr beginnt das Theater?	*A quelle heure commence la pièce?*
Um acht Uhr (abends).	*A huit heures du soir.*

Januar	*janvier*
Februar	*février*
März	*mars*
Apreol	*avril*
Mai	*mai*
Juni	*Juin*
Juli	*juillet*
August	*août*
September	*septembre*
Oktober	*octobre*
November	*novembre*
Dezember	*décembre* ◾

Die große Uhr in der »Bahnhofshalle« des Musée d'Orsay

Register

Die **fetten** Seitenzahlen verweisen auf ausführliche Erwähnungen, *kursiv* gesetzte Begriffe bzw. Seitenzahlen beziehen sich auf den Service.

Anreise 77 f.
Arc de Triomphe 6, **17**, 35
Arènes de Lutèce 21, 36
Auskunft 78 f.

Bäder 71
Bar du Marché 7, 55
Bars und Szenelokale 56 f.
Basilika Saint-Germain-des-Prés 22
Bastille-Oper vgl. Opéra de la Bastille
Bastille-Viertel 6, 27
Bibliothèque Nationale de France 9, 36, 75
Bois de Vincennes 70, 71, 75
Boulevard Montparnasse 26
Boulevard Saint-Germain 22 f.
Bouquinisten 12, **25**

Café Deux Magots 22, 55
Café De Flore 22, 55
Cafés und Salons de thé 55
Cimitière de Montmartre 25 f., 46
Cimitière du Montparnasse 26, 46
Cinemathèque Française 69
Cité de l'Architecture et du Patrimoine 37
Cité de la Mode et du Design 75
Cité de la Musique 37, 66
Cité des Sciences et de l'Industrie 37, 66
CNIT-Messehalle 27 f.
Cour Rohan 12
Champs-Élysées 6, 14 ff.
Centre Georges Pompidou 6, 24, 30, **36**
Cimitière du Père Lachaise 7, 46 f.
Conciergerie 9, 37 f.

Diplomatische Vertretungen 79
Diskotheken 58
Disneyland Resort Paris 66

Eiffelturm 6, 17 f., 38, 66, 73

Feiertage, Feste, Veranstaltungen 79 f.
Forum des Halles 24
Friedhöfe vgl. Cimitière

Galeries Lafayette 47, 62
Galeries Vivienne & Colbert 38 f.
Geld, Banken, Kreditkarten 80
Grande Arche de La Défense 28, 39, 75

Hallenviertel vgl. Les Halles
Hamam de la Mosquée 71
Hinweise für Menschen mit Behinderungen 81
Hôtel de Ville 39 f., 72
Hotel Ritz 18
Hotels, Appartements 48 ff.

Île Saint-Louis 20
Île de la Cité 6, **8 ff.**, 38, 72
Institut du Monde Arabe 7, 21 f., **38**
Internet 81
Invalidendom 6 f., 40 f.

Jardin des Plantes 21, 66, 67, 68 f.
Jardin du Luxembourg 7, 21, 68
Jazzclubs 57 f.

Katakomben 41, 66
Kinder 66 f.
Kino 61
Klima, Reisezeit 82
Konzert 59 f.

La Défense 27 f., 39
Les Halles 24
Louvre vgl. Museen
Louvre-Pyramide 12, 32, 75

Marais 7, 23 f.
Medizinische Versorgung 82
Memorial de la Déportation 12
Métro 16, 73
Montmartre 6, 18, 25 f.
Montparnasse 26
Moschee 21, 41
Moulin Rouge 25, 61

Register

Museen 30 ff.
- Musée Carnavalet 31
- Musée Cognacq-Jay 23
- Musée d'Art Moderne 24, **30 f.**, 36
- Musée d'Art Moderne de la Ville de Paris 31
- Musée d'Orsay 33 f.
- Musée de l'Histoire de l'Immigration 75
- Musée de l'Orangerie 13, 34
- Musée de la Chasse 23
- Musée des Arts Asiatiques – Guimet 31
- Musée des Arts de la Mode et du Textile 31
- Musée des Arts Décoratifs 31
- Musée du Cinema 31 f.
- Musée du Louvre 6, 12 f., 32 f.
- Musée du Moyen Âge et Thermes de Cluny 21, 33
- Musée du Quai Branly 34, 66, 67
- Musée Grévin 32, 66, 67
- Musée Picasso 23, 34
- Musée Rodin 35
- Muséum National d'Histoire Naturelle 32, 66, 67
Museumspass 30

Nationalbibliothek vgl. Bibliothèque Nationale de France
Nightlife 56
Notfälle 83
Notre-Dame 6, 10 ff., 41 f.

Oper, Ballett 60 f.
Opéra de la Bastille 27, 61, 75
Opéra Garnier 42, 60
Orangerie vgl. Museen

Palais de Chaillot 37
Palais de Justice 10
Palais Omnisports 69
Palais Royal 42 f.
Palais Tokyo vgl. Musée d'Art Moderne de la Ville de Paris
Panthéon 21, 43
Parc André Citroën 69
Parc de Bercy 31 f., 69
Parc de la Villette 37, 75
Paris in Zahlen und Fakten 76
Pariser Passagen 7, 38 f., **47**

Parks 68 f.
Place Dauphine 9
Place de la Bastille 37
Place de la Concorde 9, 13 f., 43
Place des Vosges 23 f., 43 f.
Place du Marché Saint-Honoré 13
Place du Tertre 18, 26
Place Vendôme 44
Pont des Arts 12
Pont Neuf 9
Post, Briefmarken 83
Presse 83

Quai de l'Horloge 9
Quai de l'Hôtel de Ville 25
Quartier Latin 21

Rauchen 83
Restaurants 52 ff.
Revue 61
Rive Gauche 22
Rue de Lappe 27
Rue Royale 43

Sacré-Cœur 6, 18, 26, **44 f.**
Saint-Denis 45
Saint-Eustache 24
Saint-Germain-des-Prés 7, 12, 22 f.
Sainte-Chapelle 10, 45
Sainte-Marie Madeleine 18
Shopping 62 ff.
Sicherheit 83
Sightseeing, Touren 84
Sorbonne 21, 72
Square du Vert-Galant 9

Telefonieren 84
Theater 59
Tickets 59
Tour Montparnasse 26, 45 f.
Trinkgeld 84
Tuilerien 7, 13, 69

Verkehrsmittel 85
Versailles 28 f., 46 f., 73

Wichtige Rufnummern 83

Zenith 37

Go Vista
CITY & INFO GUIDES
Setzen Sie auf die richtige Karte

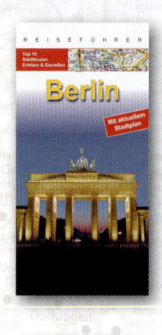

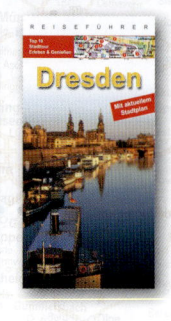

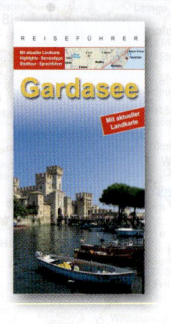

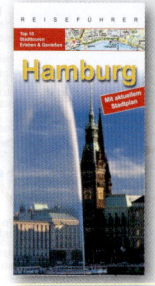

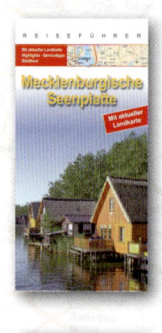

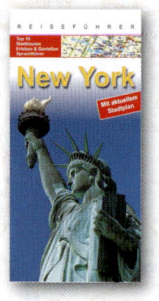

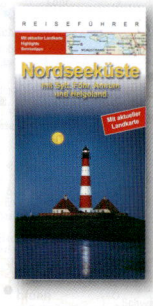

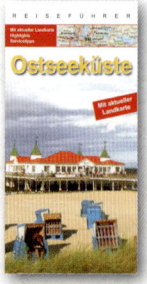

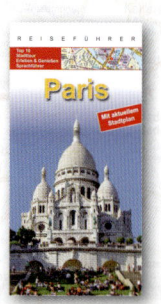

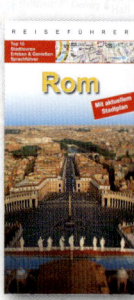

- Berlin
- Dresden
- Gardasee
- Hamburg
- Kroatien – Küste und Inseln
- Leipzig
- London
- Mallorca
- Mecklenburgische Seenplatte
- München
- New York
- Nordseeküste mit Sylt, Föhr, Amrum und Helgoland
- Ostseeküste
- Paris
- Prag
- Rom

Auswahl aktueller, lieferbarer Titel

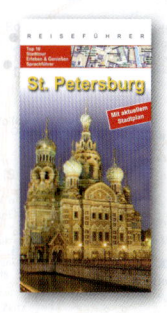

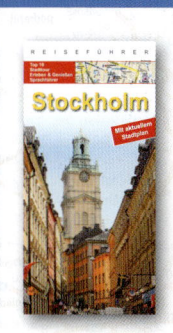

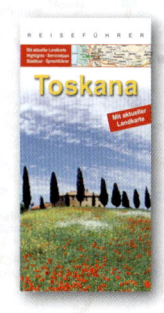

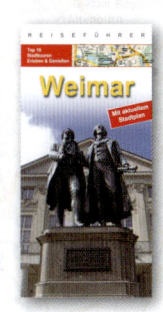

- Rügen · Usedom mit Stralsund
- Schwarzwald
- St. Petersburg
- Stockholm
- Südtirol
- Toskana
- Weimar
- Wien

- 96 Seiten mit den Highlights der Reiseregion oder der Stadt: Orte, Landschaften, Museen, Architektur, Plätze und Parks
- Viele Serviceadressen und Tipps
- Sprachführer und Register
- Augenweide: aktuelle, erstklassige Farbfotos
- Ideales Format: so schmal, dass es in jede Tasche passt (10,5 x 21 cm)
- Der Stadtplan der City Guides mit allen Details, natürlich mit Straßenregister und einem Verkehrsnetzplan; die beschriebenen Sehenswürdigkeiten sind durch rote Sternchen markiert
- Die detaillierte Landkarte der Info Guides mit Stadtplänen und Register

Bildnachweis und Impressum

Bildnachweis

Adenis/GAFF/laif, Köln: S. 23 u.
Pierre Adenis/laif, Köln: S. 11 o., 15
Bilderberg, Hamburg/Peter Ginter: S. 3 o. l., 25 u., 57
Celentano/laif, Köln: S. 24 o.
Thomas Ebert/laif, Köln: S. 6 Mitte r., 49
Fotolia: S. 32/Sipos András: S. 63; Oleg Babich: S. 12; Callum Bennetts: S. 16 o.; Hassan Bensliman: S. 35 o.; Bruno Bernier: S. 18 u., 75; Jean Luc Bohin: S. 34; Bernard Bosques: S. 73 o.; Franck Boston: S. 54, 55, 64; Cdrcom: S. 6 u.; Champa: S. 77; Martine Coquilleau: S. 40; Jean-Jacques Cordier: S. 42; Cosmopolitan: S. 11 u.; Laurent Davaine: S. 9 u.; Ewe Degiampietro: S. 60 o.; Diorgi: S. 81; Rêne Drouyer: S. 33 o. l.; DX: S. 27 o.; Elena Elisseeva: Schmutztitel (S. 1), S. 68; Flô: S. 3 o. r., 37; Grafix: S. 19; Jharela: S. 71; Arnaud Joron: S. 6 Mitte l.; Jan Kranendonk: S. 3 o. Mitte, 30; Looki: S. 61; Jean Yves Yan Lun: S. 38; Macromagnon: S. 83; Frédérique Million: S. 23 u.; Erick Nguyen: S. 22; Nicolas Parneix: S. 60 u.; Paul Parzych: S. 67; Dora Percherancier: S. 24 u.; Phils: S. 13; Alain Rapoport: S. 7, 29, 48; Rico: S. 16 u.; Victor Samoilovich: S. 52; StarJumper: S. 46; SteF: S. 76; Alain Téoulé: S. 6 o.; Kathrin Uhlenbruch: S. 18 o.; Yuri4u80: S. 91; XtravaganT: S. 2 o. Mitte, 10 u.
Hahn/laif, Köln: S. 65
iStockphoto/Anton-Marlot: S. 28; Ivan Bastien: S. 58; Eric Belisle: S. 2 o. r., 17; Margaret Cooper: S. 51; Elena Elisseeva: S. 20; FotoVoyager: S. 84; Moritz Frei: S. 20/21; Alexander Hafemann: S. 26 u.; S. Greg Panosian: S. 4/5, 41 u., 85
Gabriele Kalmbach, Köln: S. 44
Hartmut Krinitz/laif, Köln: S. 2 o. l., 9 o., 21
Franz Schreiner, Wien: S. 27 u., 39
Vista Point Verlag (Archiv), Köln: S. 8, 10 o., 25, 26 o., 31, 33 o. r., 33 u., 35 o., 41 o., 43, 72 o., 72 Mitte, 72 u., 73 u., 74, 79
Wikipedia/Roboppy: S. 3 u.
White Star, Hamburg: S. 47

Schmutztitel (S. 1): Der filigrane Eiffelturm gehört ganz den Touristen, Pariser verirren sich selten hierher

Seite 2/3 (v. l. n. r.): Conciergerie an der Pont Neuf, Notre-Dame, Arc de Triomphe, auf Montmartre, Kulturzentrum Georges Pompidou, Champs-Élysées, Café Aux Deux Magots (S. 3 u.)

Seite 6/7: Notre-Dame auf der Île de la Cité (S. 6 o.), Bastille-Oper (S. 6 Mitte r.), Eiffelturm (S. 6 Mitte l.), Invalidendom (S. 6 u.), Jardin du Luxembourg (S. 7)

Konzeption, Layout und Gestaltung dieser Publikation bilden eine Einheit, die eigens für die Buchreihe der **Go Vista City/Info Guides** entwickelt wurde. Sie unterliegt dem Schutz geistigen Eigentums und darf weder kopiert noch nachgeahmt werden.

© 2011 Vista Point Verlag, Köln
Alle Rechte vorbehalten
Verlegerische Leitung: Andreas Schulz
Reihenkonzeption: Vista Point-Team
Bildredaktion: Andrea Herfurth-Schindler
Lektorat: Kristina Linke
Layout und Herstellung: Kerstin Hülsebusch-Pfau, Oliver Hessmann
Reproduktionen: Henning Rohm, Köln
Kartographie: Berndtson & Berndtson Productions GmbH, Fürstenfeldbruck, und Kartographie Huber, München
Gedruckt auf chlorfrei gebleichtem Papier

ISBN 978-3-86871-546-8

An unsere Leser!
Die Informationen dieses Buches wurden gewissenhaft recherchiert und von der Verlagsredaktion sorgfältig überprüft. Nichtsdestoweniger sind inhaltliche Fehler nicht immer zu vermeiden. Für Ihre Korrekturen und Ergänzungsvorschläge sind wir daher dankbar.

VISTA POINT VERLAG
Händelstr. 25–29 · 50674 Köln · Postfach 270572 · 50511 Köln
Telefon: 02 21/92 16 13-0 · Fax: 02 21/92 16 13-14
www.vistapoint.de · info@vistapoint.de